国家社科基金
GUOJIA SHEKE JIJIN HOUQI ZIZHU XIANGMU
后期资助项目

撤县设区中的地方政府
粮食安全主体责任转变研究

Study on the Transformation of the Subject Responsibility
of Local Governments for Food Security
in the County-to-District Reform

李宁 著

天津出版传媒集团
天津人民出版社

图书在版编目（CIP）数据

撤县设区中的地方政府粮食安全主体责任转变研究 /
李宁著. -- 天津：天津人民出版社，2024.3. -- ISBN
978-7-201-20604-2

Ⅰ. F326.11

中国国家版本馆CIP数据核字第2024J3C109号

撤县设区中的地方政府粮食安全主体责任转变研究
CHEXIAN SHEQU ZHONG DE DIFANG ZHENGFU LIANGSHI ANQUAN ZHUTI ZEREN ZHUANBIAN YANJIU

出　　版	天津人民出版社	
出 版 人	刘锦泉	
地　　址	天津市和平区西康路35号康岳大厦	
邮政编码	300051	
邮购电话	（022）23332469	
电子信箱	reader@tjrmcbs.com	
责任编辑	岳　勇	
装帧设计	汤　磊	
印　　刷	北京虎彩文化传播有限公司	
经　　销	新华书店	
开　　本	710毫米×1000毫米　1/16	
印　　张	10.25	
字　　数	180千字	
版次印次	2024年3月第1版　　2024年3月第1次印刷	
定　　价	58.00元	

目　录

第一章 导论

第一节 研究背景与意义

一、研究背景

撒县设区①因能够扩容城市发展空间、促进区域要素整合,而日益成为地方政府介入城市化发展的重要手段(周少甫,许舜威,2020)。21世纪以来,随着城市群、都市圈逐渐成为经济社会发展的重要空间载体,撒县设区更是已经在城市数量、行政等级和地理空间范围的覆盖上,成为全国性的改革实践(见图1.1)。但也出现了地方政府扎堆撒设、盲目扩张的现象,尤其是在此过程中导致的耕地"非农化""非粮化"问题(魏后凯,2022),更是对粮食安全构成了严重威胁。加之,近年来气候环境恶化、中美贸易摩擦、俄乌冲突等诸多影响我国粮食安全不确定因素的涌现与叠加,使得粮食自给安全的重要性也越发凸显。因此,面对国际国内复杂形势的挑战,确保地方政府在谨慎、稳妥、有序推进撒县设区的同时,切实履行粮食安全主体责任②,成为我国经济社会稳定发展的重大战略需求和任务。

---

① 撒县设区是地市级行政单位将其下属的县或县级市改设为市辖区的区划建制变更行为,包括将县或县级市调整为市辖区两种情况,本书统一将撒县(市)设区缩写为撒县设区。

② 从政府层面的"米袋子"省长负责制、"菜篮子"市长负责制、粮食安全省长责任制、市县长负责制,再到进一步要求党委承担粮食安全的共同责任(即党政同责)。

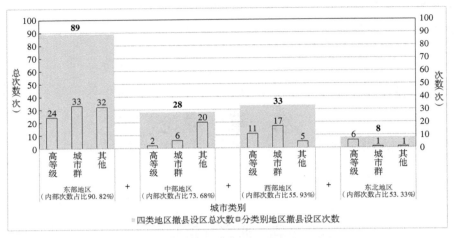

图1.1　2000—2021年全国撤县设区分布

注：①数据来自民政部网站，不统计直辖市、西藏、海南和台港澳地区；②以示区分，城市类别之间均不重叠计算；③高等级城市包括计划单列市和副省级城市；城市群包括国家级、区域性和地方性三类。

　　然而，在中国式的分权体制下，地方政府面对撤县设区和落实粮食安全主体责任的激励并不相同。甚至区县建制的变更，即农业型政区县的撤销和城镇型政区市辖区的相应设立，还有助于地方政府弱化自身的粮食生产职责。那么，在中国式的分权体制下，地方政府作为撤县设区的第一发起方和直接推动者，在选择撤县设区时，是否存在借助建制变更以弱化自身粮食生产职责的可能性呢？换言之，在实践中，是否存在地方政府借助撤县设区转变粮食安全主体责任的嵌入机制呢？从已撤设县域的内部结构与动态演变来看（见图1.2），国定产粮大县群体自被赋予更高程度的粮食安全主体责任以来（2009年划定），累积撤设率便明显提高且愈发高于非国定产粮大县。可见，对于稳妥推进撤县设区并保障粮食安全，关于嵌入机制的这一疑虑不仅是值得的，而且也是有待解答的重要科学问题。但现有研究出于撤县设区的城市站位（王禹潞，张恩，2021），既未就地方政府的撤县设区选择与粮食安全主体责任承担之间是否存在内在关联进行深入探究，也并未对撤县设区如何影响粮食生产进行系统考察。

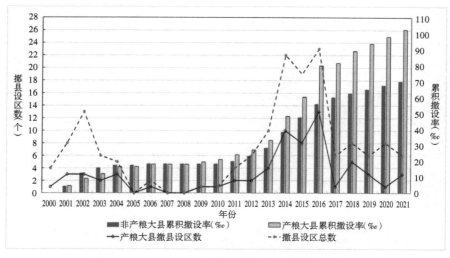

图 1.2 2000—2021 年国定产粮大县撤县设区情况

注：①国定产粮大县名单来自《国家粮食安全中长期规划纲要（2008—2020年）》和《全国新增 1000 亿斤粮食生产能力规划（2009—2020 年）》；②累积撤设率以2000 年为起始基准计算。

更为关键的是，在未来一段时间内，撤县设区与粮食安全之间的关联将变得更加明显与突出。在各地市制定的"十四五"规划纲要中（见图 1.3），便有相当比重（21.8%）的行政单位明确提出了撤县设区的具体设想与安排①。并且，与我们的担忧相对应，规划撤设的这些地市不仅主要集中于粮食产区省份（包括粮食主产区与产销平衡区省份，合计占比高达 93.1%），而且三大产区各自所辖的国定产粮大县也分别聚集在这些地市内部。为此，在理论上关联撤县设区与粮食安全主体责任，探寻地方政府可能借助撤县设区转变粮食安全主体责任的嵌入机制，并系统考察责任转变之下撤县设区对粮食生产的影响，不仅有利于揭示地方政府在城市化建设和粮食安全保障中的行为决策机理，而且对于确保地方政府稳妥有序推进撤县设区和落实粮食安全主体责任具有现实的指导意义。

---

① 在对规划文本的手工整理中，我们只将有撤县设区、撤县（市）设区、撤市设区等文字直接表述的地市，识别为设想撤设的单位。因而，对有撤县设区意图的地市总数统计其实存在低估。

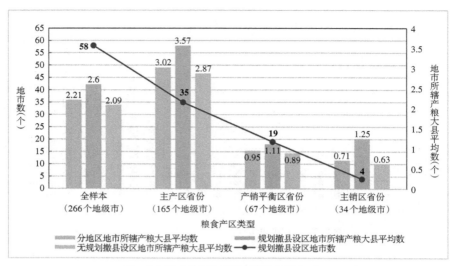

图1.3 地市"十四五"规划中的撤县设区

注:①数据通过手工整理各地级市"十四五"规划文本所得;②样本不包括直辖市、西藏、新疆、海南、香港、台湾、澳门,以及地区、盟、自治州三类行政区,且以2020年行政区划为基准剔除无县(县、县级市和自治县)的地级市,最终纳入样本的地级市数为266个。

　　未来撤县设区的稳妥推进应置于国家粮食安全的整体战略内涵之中(魏后凯,2022)。综上,本书最终立足协同推进城市化建设与粮食自给安全的战略需求,关注地方政府在撤县设区和落实粮食安全主体责任上的激励差异,选择对地方政府的撤县设区及其中的粮食安全主体责任转变提出理论和现实关切,并遵循"制度安排→策略选择→行为绩效→治理优化"的逻辑主线,利用全国县级面板数据,借助双重差分法、工具变量法、事件分析法等多种研究方法,系统探究撤县设区中地方政府粮食安全主体责任转变的嵌入机制、影响效应与政策优化问题:(1)是否存在地方政府借助撤县设区转变粮食安全主体责任的可能,嵌入何以发生?(2)责任转变之下的撤县设区又会对粮食生产造成何种影响,如何全面评估?(3)采取何种举措协调撤县设区的有序推进和粮食生产的稳定供给?

二、研究意义

对上述问题进行系统研究,不仅在理论上有助于拓宽粮食安全、城市化战略与地方政府行为治理的分析视野,在深化撤县设区动因解释和绩效评价的同时,也将在实践上为地方政府撤县设区的有序推进和粮食安全主体责任的有效落实提供重要科学参考和政策启示。

(一)理论意义

从现有文献资料来看,虽然国内外学者针对撤县设区这一行政区划调整的相关讨论已经取得了较为丰富的研究成果,但多数研究是出于撤县设区的城市站位,将研究议题聚焦于建制变更带来的政策绩效评估上,主要围绕地区经济增长、城市化水平及公共服务供给等非农领域展开探讨。而在为数不多的对撤县设区行为动因的分析中,虽同时存在着经济逻辑、政治逻辑、治理逻辑的三条解释路径,且也有少数学者指出了在撤县设区从动议发起、组织动员、申报、沟通到评审等的诸多程序中,市县两级地方政府起着关键性的作用,但现有文献均未对地方政府的撤县设区选择与粮食安全主体责任承担之间是否存在内在关联予以足够的关注与充分的探讨,也普遍忽视了撤县设区对撤设县粮食生产的影响,更尚未关注到非撤设县可能受到的外溢效应。

因此,本书在理论上关联撤县设区与粮食安全主体责任,探寻地方政府可能借助撤县设区转变粮食安全主体责任的嵌入机制,并系统考察责任转变之下撤县设区对粮食生产的影响及其作用机制,不仅有助于揭示地方政府在城市化建设和粮食安全保障中的行为决策机理,而且能够更加系统、全面地把握撤县设区对粮食生产的影响,拓宽撤县设区绩效评价的对象,进而从行政区划调整的角度丰富了城市化建设与粮食安全之间关系的讨论,一定程度上弥补了现有研究的不足。

(二)现实意义

撤县设区是契合城市化发展战略变革趋势的行政区划调整,尤其在当前城市化快速发展的背景下,通过撤县设区这一服务于城市化建设的行政建制变更,实现传统农政区向城镇政区的转变,更是成为各地扩容城市发展空间与重新优化布局的重要手段。然而,值得注意的是,这一县级区划在建制变更的同时还存在着弱化地方政府原有粮食生产职责的可能,而且地方政府进行撤县设区建制变更与履行粮食安全主体责任的激励程度也并不相同。于是,便引发了地方政府如何处理粮食安全主体责任和经济发展相互关系的理论与实践问题。同样关键的是,现阶段撤县设区虽然对当地经济增长起到了积极的带动作用,但随着实践中扎堆撤设、盲目扩张的现象日益凸显,其快速推动城市化建设的配套措施极有可能威胁原辖区的粮食生产,这一威胁甚至可能外溢到周边非撤设县乃至地市层面。

值此背景下,关注地方政府在撤县设区和落实粮食安全主体责任上的激励差异,选择对地方政府的撤县设区及其中的粮食安全主体责任转变提出理论和现实关切,探寻撤县设区中地方政府转变粮食安全主体责任的嵌入机制问题,并分析撤设县与非撤设县粮食生产方面受到的影响与作用机制,对于协调城市化背景下撤县设区的稳妥推行与保障粮食安全主体责任的落实具有较强的现实指导意义。

第二节　文献综述

粮食是关系国计民生的重要物资,粮食安全是国家繁荣发展、经济平稳运行的重要基石。人多地少的中国作为世界范围内粮食需求最为旺盛的国家,其粮食安全问题更是成为国内外学者的关注焦点(Song,Pijanowski,2014)。自20世纪90年代以来,既有文献分别围绕粮食安全的含义、形势、战略、影响等诸多方面开展了较为广泛的研究(Barrett,2010;Zhong等,2010;Sit等,2017;Shira等,2018;Kolesnyak等,2020;黄季焜,2021;朱晶等,2021)。值得注意的是,进入21世纪后,气候环境恶化、中美贸易摩擦、俄乌冲突等诸多影响粮食生产不确定因素的涌现,使得保障我国粮食安全的核心战略日益指向了提高粮食产量、确保粮食自给安全(王大为,蒋和平,2017)。

与此同时,随着全球社会经济的持续演进,城市化进程已成为不可阻逆的必然趋势与内在要求(黄祖辉,马彦丽,2020)。中国作为世界上最大的发展中国家,也经历了史无前例的城市化高速发展时期。然而,鉴于城市化作为一个经济体从以农业为主的农村经济转变为以工业为主的城市经济的发展过程(Lucas,2004),其本身兼有人口大规模迁移向城市集中(宋迎昌,2021)、经济活动与资源要素聚集(鄢娇,赵军,2014)、乡村地域社会经济结构调整(罗楚亮,董永良,2020)等的发展特点。尽管关于城市化对粮食生产的可能影响与作用方向尚未形成一致定论(郑旭媛等,2014;d'Amour等,2017;薛蕾等,2019),但可以肯定的是,在我国粮食自给安全与城市化发展战略深入贯彻、不断落实的现实背景下,如何在稳步推进城市化进程的同时保障粮食自给安全,是有待于学界进一步探讨与阐释的议题。

一、粮食生产、地方政府与粮食安全主体责任

（一）粮食安全主体责任产生缘由与制度演变

对于政府承担粮食安全主体责任的缘由，一种观点认为：由于兼具私人产品和公共产品的多种属性（钟甫宁等，2012；Rafael，2017；丁声俊，2019），粮食生产的外部性特征（赵和楠，侯石安，2021），使得粮食的有效供给不仅需要依靠市场的资源配置，更需要政府承担保障粮食安全的主体责任（毛学峰，孔祥智，2019；罗万纯，2020；黄宗智，2017；何秀荣，2020），以有效弥补市场失灵。但一种相反的观点认为：任何经济行为皆具有外部性特征（张五常，2015），虽然每个公民在法理上均享有粮食获得权，但粮食的实际消费总是有限并充满竞争的，即表现出公有私用的典型特征，只要是私用，理论上总能清晰界定出资源使用的主体，并进而根据成本收益的考量界定产权并交由市场进行交易，为此对粮食生产外部性和粮食安全公共物品性质的讨论，并不应该成为也难以成为解释政府承担粮食安全责任、保障粮食安全的内在缘由。

可见，虽然已有研究关于政府承担粮食安全主体责任的缘由存在差异化的理解，但均普遍认同国家长期以来坚持的粮食安全自给战略（蒋和平等，2020；杜志雄，韩磊，2020），并强调稳定粮食生产、保障粮食供给成了粮食安全主体责任的核心要务（程国强，朱满德，2020；曹宝明等，2022）。最初我国的粮食安全保障责任仅由中央政府独立承担，在政策体系中并没有对地方政府的主体责任予以明确和强调。但是随着市场经济的迅速发展，尤其是在财税体制改革深化后，粮食生产的比较利益日益低下（赵波，2011；郑旭媛等，2014），使得地方政府在粮食安全保障上的"搭便车"现象愈发凸显（罗光强，邱溆，2013）。于是学界与政界才逐渐意识到，地方政府粮食安全主体责任的有效落实对于保障粮食安全至关重要（韩长赋，2019；倪国华等，2021；仇焕广等，2015）。近年来，国家对地方政府粮食安全主体责任的强调，更是从政府担责转变为党政共同担责。

（二）粮食安全主体责任的政府差异

在我国的粮食安全主体责任治理体系当中，中央政府与地方政府之间形成了分层的委托代理关系（罗万纯，2020）。具体而言，由作为粮食安全委托方的中央政府对粮食安全主体责任的考核与问责制度进行总体设计与把握，各级地方政府相关部门则作为粮食安全的代理方，逐级明确各自的目标与任务，承担属地粮食安全主体责任（罗光强，2012；韩一军，2016）。因此，在自上而下层层分解责任的背景下，地市和县级政府作为行政级别较低的

行政单元承担着保障我国粮食安全的一线责任(赵和楠,侯石安,2021)。并且,受制于长期存在的城乡二元结构和行政区经济现象(刘彦随,刘玉,2010),即便是作为同级政府的区、县两种政区类型,也因其在社会经济发展重心等方面的不同表现出了主体责任的程度差异。总体来看,作为农业型政区的县在我国肩负着更大比重的粮食安全主体责任(毛学峰,孔祥智,2019;魏后凯,2022;刘君德,范今朝,2015)。

(三)地方政府履行粮食安全主体责任的行为激励

在中国式的分权体制背景下,上级政府官员主要通过GDP等相关经济性指标对下级政府官员进行政绩考核与提拔,由此形成了地方政府"自上而下式标尺竞争"的局面(周黎安,2007;张晏,龚六堂,2005;朱军,许志伟,2018)。于是,地方政府官员面对辖区GDP绩效考评的压力和有限任期内政治权力晋升的动力,其行为表现通常倾向于优先发展对辖区经济有利的相关生产活动以获得政治上的升迁(王贤彬,徐现祥,2008;张莉等,2011)。然而,粮食生产天然具有弱质性与外部性特征(王跃梅等,2013),其相较于城市化建设而言,不仅对财政收入与经济增长的贡献较低,而且政绩凸显较弱(崔宁波,董晋,2020),并不利于地方政府在同级政府财政、经济竞标赛中绩效排名的提高(朱晶等,2021;杜志雄,2012)。因此,地方政府从事粮食生产、履行粮食安全主体责任的激励明显不足于城市化建设等经济性活动。同时,由于经济绩效考核与官员权力晋升之间的关系随着政府层级的降低而越发明显与紧密(Landry,Lu,2018;Chen,Kung,2016;Li等,2019),地方政府履行粮食安全主体责任的激励也表现出自上而下逐级递减的特征。

二、城市化建设、地方政府与撤县设区

(一)城市化进程中的撤县设区

改革开放以来,为顺应国家优先发展中小城市和小城镇的战略导向,整县改市作为当时县制改革的主导模式在全国范围内广泛兴起(朱建华等,2015),但最终因引致城郊人口比例失调、耕地资源流失等一系列"假性城市化"问题,而在1997年被叫停(张践祚,2016;Fan等,2012)。然而,21世纪以来,随着中国社会经济的持续发展、各地城市扩容的需求日益高涨,中国城市化指导方针推行重点也逐渐开始由发展小城市转向发展大中型城市(魏后凯,2021;聂伟等,2019;Wang等,2021;Xun,Xu,2010)。于是,撤县设区取代整县设市,成为地方政府缓解城市发展空间压力、优化城市规模体系的重要行政手段(陈好凡,王开泳,2019;高琳,2021)。尽管在2003—2010年间,国家因该项区划调整愈加背离了"以人为本"的城市化发展主线,而收紧了

撤县设区的审批（庄汝龙等，2020），但随着都市圈、城市群发展模式日益成为新的经济增长极，撤县设区再次掀起热潮（张可云，李晨，2021；魏守华等，2020）。可见，撤县设区的历史演进与城市化进程紧密关联，并且随着未来人口、经济社会活动的日益集中，撤县设区仍将作为地方政府优化城市空间布局、促进区域发展的重要手段。

（二）地方政府撤县设区的行为动因

既有文献对地方政府撤县设区动因的解释，同时存在着经济逻辑、政治逻辑和治理逻辑三条路径。

首先，在经济逻辑上，现有研究主要集中于以下两个层面来解释：一是分权化与行政区经济。改革开放以来，中国特有的分权化治理体制虽被广泛认为是转轨进程中经济高速发展的重要制度原因（Xu，2011；Zhang，2019），但也因经济体制与政治体制转型的非整合性，产生了诸侯经济、行政区经济现象（Li，2010），制约了地方经济发展（刘君德，范今朝，2015）。为此，通过打破行政边界重构行政区与经济区之间的关系便成为地方政府选择撤县设区的重要动因（Luo等，2014；詹新宇，曾傅雯，2021）。二是城市化发展。由于撤县设区这一行政区划调整不仅能够通过城市建设用地规模的增加等来推动土地城市化进程（周少甫，许舜威，2020；Liu，Zhou，2021），而且也可以借助城市生产效率的改善以提高人口城市化水平（杨桐彬等，2020），因此成了地方政府实现城市扩张、促进城市化发展的重要行政工具（李开宇，2010；Chan，2010；邵朝对等，2018；Mullan，2011），但这种工具化的使用倾向受到了广泛批评（陈科霖，2019；魏后凯，2022）。

其次，在政治逻辑上，既有文献主要从以下两个方面展开：一是政府官员权力扩张。在我国分权化的体制背景下，不同级别行政区的地方政府官员在晋升前景以及获取国家政策、资源的能力上有所差异（Chan，2010；Ji等，2022）。下级政府通常会借助行政区划调整以攫取更大范围内的政治权力（Zuo，2015）。隶属高级别城市的县或县级市政府对撤设较大热情的原因之一，便是因为市辖区行政级别要高半级（高祥荣，2015；Cai，2015）。而且这种行政区划调整是一种类同政治晋升的"权力激励"（Li，2011；叶林，杨宇泽，2017）。二是政府层级博弈与权力重塑。撤县设区调整过程中，始终贯穿着上下级政府之间的复杂博弈（Cartier，2016）。虽然撤县设区调整牵涉地市和县两级政府，也涉及省政府、国务院、省民政部门、国务院民政部等多方力量的权力平衡（叶林，杨宇泽，2018），但张践祚等（2016）引入多层级政府的协商博弈模型后发现，地方政府基于对预期收益的考量，并不会简单遵循上级命令。总体来看，撤县设区的议案能否成功发起关键取决于市县两级地方政府能否就各自的利益达成一致意见（刘云刚，2019）。

此外，在治理逻辑上，学界主要聚焦于以下两个方面：一是区域主义理论。根据区域主义理论的观点，行政区划调整能够促进政府管理、服务效率的提高（Parks，Oakerson，2000；Ye，2009；叶林，2010）。因此，通过行政区划调整优化公共服务供给的理念，也逐渐成为撤县设区调整的一种重要借鉴（张衔春等，2015；匡贞胜，2020；Feng，Wang，2022）。虽然也存在诸多地方政府撤县设区的目的并非出于改善公共服务（叶林，杨宇泽，2017；杨建坤，2022），但在实践中也能够观察到撤设后因经济发展水平提高而改善了公共服务方面的实际绩效（陈思霞，卢盛峰，2017；梁志艳，赵勇，2019）。二是尺度重构视角。撤县设区调整体现了尺度从作为关系到作为等级的跃升与拓展（张京祥，2013），并且其对市县关系带来的尺度重构影响相较于其他行政区划调整而言更为深刻（Luo等，2014）。这主要是因为区县在行政地位、政府内设部门方面均存在较大差异，尤其在撤设后县内的诸多管理权限上移至市政府，市辖区则主要扮演具体事务执行者的角色（张践祚，2016）。但总体来看，区别于西方欧美国家成熟的公民社会以及地方自治体制，相较于经济逻辑与政治逻辑，治理逻辑尚不足以构成我国地方政府进行撤县设区调整的主要行为动因（赵聚军，2012）。

三、地方政府撤县设区的绩效评价及改革建议

（一）地方政府撤县设区的绩效评价

撤县设区调整在地方政府行为动因上的政治逻辑与治理逻辑，实际上皆是以经济为导向的发展逻辑的延伸与附带结果（王禹澔，张恩，2021）。与此相对应，已有研究针对撤县设区的政策评价，也主要围绕经济增长、城市化水平和公共服务供给等方面展开。

首先，围绕经济增长方面，大多学者给予了正面的探讨：在绩效评价上，主要从改善地区资源配置（卢盛峰，陈思霞，2016）、优化产业结构布局（邵朝对等，2018）、提升区域经济一体化水平（李恕宏，2012）、提高企业平均产出与生产效率（钟粤俊，梁超，2021；Fan等，2012）、拉动固定资产投资水平增加（丁焕峰等，2020）等诸多方面进行探讨；在时间动态效应上，一些学者对撤县设区经济增长效应的持续性存疑，如：李郇和徐现祥（2015）的研究发现，撤县设区后虽然来自政府的基础设施以及由此带动的产业转移、房地产消费等使得城市在短期内实现了经济增长，但这种促进作用仅具有约5年的效应，5年后该作用就因地方政府发展权限、管理权限被削弱而逐渐递减。在地区异质性上，虽然既有研究表明撤县设区已经构成了广泛性、全国性的

改革实践（王禹澔，张恩，2021），但对于不同区域带来的经济增长绩效可能存在差异（魏后凯，2022），于志强（2016）从城市规划与工业集聚的角度探讨了这一差异的产生缘由。

其次，在城市化水平上，学界分别围绕土地城市化与人口城市化两个方面进行讨论。土地城市化上，既有研究普遍认为撤县设区的发生促进了城市建设用地规模与空间规模的扩张（周少甫，许舜威，2020；邵朝对等，2018；Feng，Wang，2021）。对此部分学者从土地需求的角度加以解释，强调撤县设区建制变更后地方政府的经济职能重心由农业转向非农产业，使得城市对于产业用地面积需求大大增加（黄亮雄，2013；张琛，孔祥智，2017），加速了土地城市化的进程；也有学者从土地供给角度指出，撤县设区后地市出让土地的权限扩大，带来可供出让土地面积的增加，推动城市建设进程的加快（董文翰，2018）。人口城市化上，多数研究指出，撤县设区推动了人口城市化水平的提高，表现为辖区内统计口径上城市人口数量的增长、城镇常住人口增长率的提高、非农业人口规模的扩大等（杨桐彬等，2020；唐为，王媛，2015）。对此，学者主要将其归因于城市生产效率的提高，并尝试从撤县设区打破行政壁垒（王贤彬，谢小平，2012）、优化资源区域配置（Hsieh，Klenow，2009）等方面来加以解释。

最后，少数涉及撤县设区公共服务供给方面绩效的研究，一方面聚焦于公共服务财政支出的调整上，卢盛峰和陈思霞（2016）认为撤县设区后县级政府财权和自主性削弱导致工作重心发生转变，进而用于非经济性的社会事务支出显著增多。张莉等（2018）发现撤县设区减少了地方政府在基础设施建设方面的支出占比，而提高了教育、医疗等民生性支出。而公共服务财政支出增加还在于撤县设区约束了行政管理支出的膨胀（杨建坤，2022）。另一方面聚焦于公共服务供给的水平上，万陆和李璐瑶（2018）强调撤县设区后，无论是新设区还是中心城市的医疗服务供给水平均显著提高。梁志艳和赵勇（2019）认为该区划调整虽然有利于促进城市基础教育服务水平的提高，但其对于医疗服务水平是否具有促进作用尚不明确。段龙龙和王林梅（2019）则指出撤县设区调整会加剧地方政府公共服务供给的行为扭曲，造成在教育、卫生等公共服务领域的供给水平不足。

（二）撤县设区改革的优化建议

在近年来的撤设实践中，一些地区将其工具化随意使用的行为，引发了城市建设空间无序蔓延、新设市辖区偏离应有功能等诸多问题（李金龙，翟国亮，2016；陈科霖，2019）。为此，如何制约撤县设区的盲目工具化使用便成为有序、稳妥推进撤县设区的关键（魏后凯，2022）。目前，学界围绕撤县设区决策行为的规范性进行了积极的反思:首先,在撤县设区执行程序的法治化建设上,指出现有文件仅从行政规定层面就撤县设区的执行程序给出了原则性、框架性的要求,缺乏可供参考的法律依据、严格执行的操作标准以及相关健全的配套法律体系(李雷,2016;高祥荣,2015)。为此,需从更高位阶的法制化建设层面,对撤县设区的执行程序予以详细规定(王禹澔,张恩,2021)。其次,在撤县设区对象选择的科学性论证上,现有文件主要基于人口规模与经济发展指标两个维度规定了新设市辖区的标准,但该标准因缺乏权威性,在实践中也并未被严格执行(段龙龙,王林梅,2019)。甚至因地方政府畸形政绩观、行政区经济思维以及快速推动城市化的决策导向,而出现了诸多将不符合标准的对象超前撤设为区的失范行为(李金龙,翟国亮,2016)。鉴于此,学者认为应从必要性、可行性等方面对撤县设区对象选择的科学性进行综合评估与科学论证(朱建华等,2015)。

四、总体评述:嵌入机制、影响效应与政策优化

中国已步入经济发展的新时期、新阶段,如何确保地方政府在稳妥有序推进撤县设区的同时,切实履行粮食安全主体责任,既是我国应对当前国际国内复杂形势的紧迫性问题,也是我国经济社会长期稳定发展的战略性问题。但遗憾的是,目前尚未有学者将撤县设区与地方政府的粮食安全主体责任相关联并进行后续的探讨研究。本书将以此为重点,尝试探寻撤县设区中地方政府转变粮食安全主体责任的嵌入机制,并系统评估责任转变下撤县设区对粮食生产的影响,在此基础上寻求协调撤县设区有序推进与粮食稳定生产的政策着力点。综合来看,目前的文献主要存在以下不足和有待深入探讨之处:

(一)既有文献分别围绕撤县设区与粮食安全主体责任开展了较为广泛的研究,但忽视了对撤县设区中粮食安全主体责任转变的关注与讨论

根据对已有文献的梳理可知,地方政府同时肩负着稳妥推进撤县设区与有效落实粮食安全主体责任的任务或者要求,但地方政府面对两者的行为激励并不相同,甚至可以借助区县建制的变更弱化粮食生产职责。并且在实践中也已经有越来越多的县尤其是产粮大县正经历或规划着撤设为区。那么,一个自然的疑问就在于:地方政府是否会将撤县设区同样作为工具使用,即借助撤县设区以弱化粮食安全主体责任呢?此外,根据既有文献对撤县设区制度过程的探讨,撤县设区包括动议发起、组织动员、申报、沟通、评审等诸多程序,并且市县两级地方政府能否达成一致意见起着关键作用。那么,现有的制度安排是否提供了地方政府借助撤县设区转变

粮食安全主体责任的制度空间？市县两级地方政府在推动撤县设区时又是否具有嵌入责任转变意图的共同利益激励？现有文献普遍遗漏了对上述问题的深入探讨。

为此,本书拟关注地方政府在城市化建设与履行粮食安全主体责任上的激励差异,提出地方政府借助撤县设区转变粮食安全主体责任的理论与现实问题,并重点围绕上述责任转变得以嵌入的制度空间与市县"合谋"的共同利益激励,深入阐释地方政府借助撤县设区转变粮食安全主体责任的嵌入机制。针对上述疑问的剖析与解答,不仅将拓宽粮食安全的分析视野,在深化撤县设区动因解释的同时,也将有助于理解地方政府在城市化建设与粮食安全保障中的行为决策机理,并为地方政府撤县设区的有序推进和粮食安全主体责任的落实提供科学参考。

(二)既有文献对地方政府撤县设区政策绩效的评价,主要集中于经济增长、城市化、公共服务供给等对象的讨论,而忽略了粮食安全主体责任区县转变之下撤县设区对粮食生产的实际影响

现有研究均普遍站位于地级市或中心城市,基于其对非农产业的影响给出政策绩效的评价。然而,撤县设区的建制变更本身却会带来原辖区农业管理模式与粮食安全主体责任承担程度的变化,这一转变会对撤设县的粮食生产产生何种影响,现有文献并未加以系统关注。值得指出的是,目前唯一一篇试图尝试定量评估撤县设区影响粮食生产的文献(见张琛和孔祥智,2017),也并未在粮食安全主体责任转变的视域下进行,同时该文献也存在着分析样本过少、研究区域单一、撤县设区刻画不充分、机制分析不全面等问题。更为关键的是,既然撤县设区会导致区域间要素的重新配置,那么撤县设区又是否会对非撤设县的粮食生产造成外溢影响？综合反映到地市层面,粮食生产的变化又会如何？现有研究依旧对此缺乏足够的关注与探讨。

为此,本书拟在粮食安全主体责任转变的视域下,将撤县设区的绩效评价拓宽到对粮食生产的影响分析,并综合撤设县粮食生产受到的直接影响和非撤设县粮食生产受到的外溢影响,考察责任转变之下撤县设区的影响效应。这不仅在理论层面拓宽了撤县设区绩效评价的经济研究领域,而且在政策含义上,将外溢效应纳入考察范围,也使得对撤县设区与粮食生产之间关系的把握更加准确和全面。

(三)现有针对撤县设区的改革建议,并未将之置于国家粮食安全的整体战略内涵之中,忽视了与粮食安全主体责任的内在关联

地方政府对履行粮食安全主体责任与撤县设区具有不同程度的激励,

甚至面临策略性选择的可能。那么对撤县设区的稳妥推进做制度优化分析,并找到保障粮食生产的政策着力点,进而形成对地方政府行为的有效约束,这对于协调撤县设区与粮食安全主体责任的落实尤为重要。然而,针对撤县设区的政策优化,既有研究均未对粮食安全主体责任的转变及其粮食生产影响予以关注。为此,本书拟提出在撤县设区制度程序与议定内容上纳入对地方政府粮食安全主体责任考量的制度优化建议;同时,也将粮食产能约束性作为完善、压实粮食安全主体责任制度安排的政策着力点,进一步提出政策建议。本书将为撤县设区和粮食安全主体责任的制度优化,提供更加科学和具体的政策建议。

第三节 研究目标

一、总体目标

本书旨在从地方政府同时推进撤县设区和履行粮食安全主体责任的现实背景入手,立足地方政府在推动撤县设区和落实粮食安全主体责任上的激励差异,系统探究地方政府在撤县设区中转变粮食安全主体责任的嵌入机制、影响效应与政策优化问题,以期拓宽粮食安全、城市化战略与政府行为治理的分析视野,并在深化撤县设区动因解释和绩效评价的同时,为地方政府撤县设区的有序推进和粮食安全主体责任的有效落实提供重要科学参考和政策启示。

二、具体目标

针对地方政府行为具有的制度化特征,构建"制度安排→策略选择→行为绩效→治理优化"的逻辑框架,在细化研究内容的同时,将总体目标落实到如下具体目标(图1.4所示):

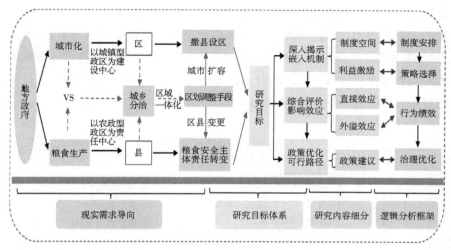

图 1.4　研究目标体系

1. 从区县类型和政府层级角度,提炼粮食安全主体责任和撤县设区现有制度安排的特征,考察地方政府在推动撤县设区时嵌入责任转变意图的主观能动性和制度约束,以此探明地方政府借助撤县设区转变粮食安全主体责任的制度空间(制度安排层次分析)。

2. 基于中国式的分权体制背景,从发展绩效的经济利益和权力晋升的政治利益两方面入手,分析市县两级地方政府在推动撤县设区时嵌入责任转变意图的利益及一致性,以阐释地方政府借助撤县设区转变粮食安全主体责任的利益激励(策略选择层次分析)。

3. 围绕农地非农化和劳动力非农转移,通过综合撤设县粮食生产受到的直接影响和非撤设县粮食生产受到的外溢影响,考察责任转变之下撤县设区的影响效应(行为绩效层次分析)。

4. 基于嵌入机制和影响效应的分析,提出优化撤县设区和保障粮食安全主体责任落实的政策建议(治理优化层次分析)。

第四节　研究思路、研究方法与数据来源

一、思路框架:"制度安排→策略选择→行为绩效→治理优化"

本书立足中国的城市化进程和粮食安全战略,基于地方政府在推动撤县设区和落实粮食安全主体责任上的激励差异,创新性地引入对区县建制

变更之下粮食安全主体责任转变的思考,并借鉴 Williamson(2000)分析制度的四层次框架,构建"制度安排→策略选择→行为绩效→治理优化"的理论框架(如图1.5所示),进而凝练关键科学问题,系统探究撤县设区中地方政府粮食安全主体责任转变的嵌入机制、影响效应和政策优化问题,并以此进行研究内容的拆解。具体而言:

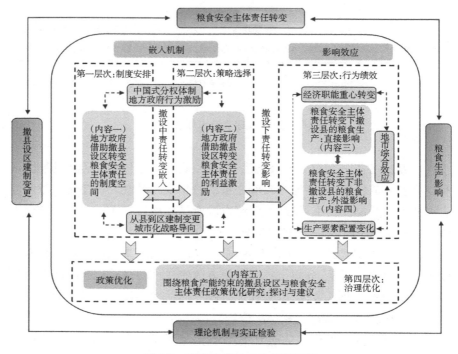

图1.5 研究内容的总体逻辑框架

第二章和第三章分别从制度空间上的可能性(制度安排层次)和现实选择上的利益激励(策略选择层次)两方面,探寻地方政府借助撤县设区转变粮食安全主体责任的嵌入机制。第四章借助国定产粮大县划定的外生冲击,探究粮食安全主体责任对地方政府撤县设区概率的影响,以进一步提供"嵌入"得以发生的经验证据。明晰嵌入机制之后,第五章和第六章围绕粮食生产核心要素的配置变化,分别考察撤设县粮食生产受到的直接影响和非撤设县粮食生产受到的外溢影响,进而综合评估责任转变之下撤县设区的影响效应(行为绩效层次)。第七章综合前述嵌入机制和影响效应的发现,围绕粮食产能约束提出协同推进撤县设区和落实粮食安全主体责任的优化建议(治理优化层次)。

二、技术路线

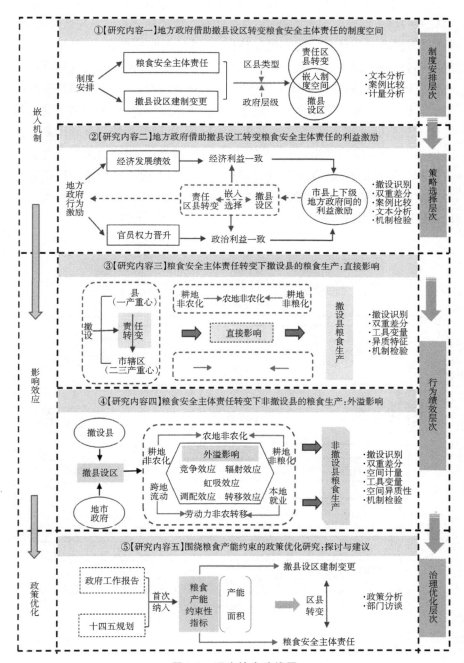

图1.6 研究技术路线图

三、研究方法

本书重点把握"问题具体化、论证规范化、方法适用化"的原则,在反复论证并明确关键科学问题的基础上,有针对性地选择理论工具与研究方法:首先,围绕政府主体行为的制度化特征,在整体思路的搭建上,有针对性地借鉴 Williamson(2000)提出的四层次制度分析框架,完成对关键科学问题在研究内容上的拆解,使得课题整体具有内在逻辑性。其次,在每项研究内容的分析上,均通过严谨的规范理论分析提出研究假说,再采用适用的成熟实证方法加以论证。最后,在实证模型的设计、关键变量的测度和因果关系的识别上,充分借鉴主流研究,同时进行论证、调整与优化(如对工具变量外生性和有效性的检验、模型估计稳健性的讨论和地理信息数据的校正等),力求实证模型的选择与关键识别技术具有代表性、科学性与可操作性。由此,最终形成如图1.7所示的研究方法体系,主要表现如下:

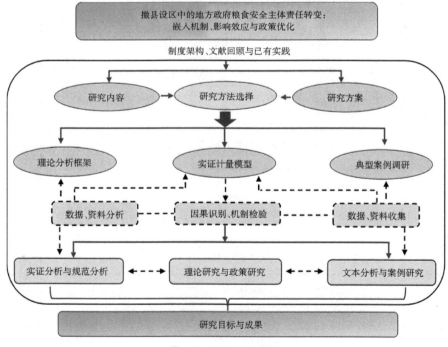

图1.7 研究方法体系

(一)规范分析法

1. 政策文本分析法:通过检索中华人民共和国中央人民政府网、国家民政部网站、中国行政区划网等公布的撤县设区相关文件与数据资料,进行政策文本分析。系统梳理我国改革开放至今撤县设区的演变脉络、变更情况及其特征,探明不同历史时期的撤设实践与城市化发展战略之间的耦合关系;详细整合撤县设区实施的标准、对象、流程、方案内容等,以深刻把握撤县设区的制度特征。此外,在收集,利用Nvivo等软件对所获资料进行数据编码(具体编码处理过程如图1.8所示①),解读政策文本中对地方政府粮食安全主体责任的规定,着重探讨地方政府撤县设区规划、层级政府间承担责任纵向差异、政区政府间承担责任横向差异以及粮食产能安全责任的制度内涵与运行机制。该方法主要运用到了后文第二、三、四、七章的分析中。

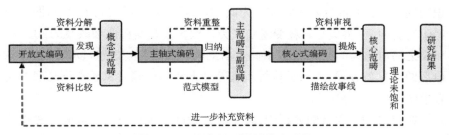

图1.8　文本资料处理的编码过程

　　2. 案例比较分析法:兼顾调查经济性和分析科学性,着重在全国范围内收集具有代表性、差异性的撤县设区成功与失败案例,案例分布涵盖地市、县域在经济发展与粮食生产方面的不同组合关系。对所收集到撤设案例的决策程序与决策内容进行比较分析,细致刻画案例的撤县设区和粮食安全主体责任变化过程。该方法主要运用到了第二章、第三章的分析中。

　　(二)定量分析法

　　1. 双重差分法:双重差分法(Differences-in-Differences,DID),常

---

① 具体过程:首先,开放式编码。开放式编码是对资料内容进行初始分解并加以标签的过程。对文字资料进行逐字阅读,将材料中反映撤县社区、粮食安全主体责任等主题词的文字内容进行标注与编码,再将相似的概念进行合并,形成各个主题词的初始范畴。其次,主轴式编码。主轴式编码的主要工作是归纳初始范畴的逻辑关联,将初始范畴进行有机整合与联结,以对现象形成初步的解释,并据此进一步精炼归纳出主范畴。最后,核心式编码。核心式编码的主要工作是分析主范畴的内在联系,并据此进一步精炼归纳出具有较强关联能力和关键性作用的核心范畴。核心范畴具有统领性,能够将主范畴和初始范畴统一起来。核心范畴之间也能够以"故事线"的方式相互关联,共同有效刻画撤县设区与粮食安全主体责任转变的内部逻辑关系。

用于政策评估效应的研究分析,其基本思想在于:比较政策实施时间前后以及处理组和对照组之间的双重差异,据此计算双重差分统计量,进行政策评估和因果机制的推断(Card,Krueger,1994;Beck 等,2009;Facundo 等,2014)。

在第三、四章的分析中,鉴于国家发改委在2008年底发布的《全国新增1000亿斤粮食生产能力规划(2009—2020年)》中综合我国粮食生产的产能布局和增产任务,在全国共选定了800个产粮大县(含非行政区划单位的农场)作为保有粮食生产和增产任务的粮食安全主体责任地区。这一政策划定不仅为本书识别不同县在粮食安全主体责任上的程度差异(国定产粮大县、非国定产粮大县)提供了依据,更为关键的是,该外生冲击也为因果关系识别提供了较好的准自然实验。为此,本书将该方法运用到了第三、四章的经验研究中,并将核心解释变量定义为产粮大县在实施此项政策的2009年以及之后取值为1,否则为0,由此自动生成对照组和处理组,以及政策实施前后的双重差分项,相当于传统双重差分方法中处理对象和干预时间的交互项(Chen,Lan,2017)。

在第二、五、六章的分析中,鉴于撤县设区在推行方式上具有渐进性的特征,并且表现出了地区与时间上的双重差异,于是经验层面便可采用衡量政策冲击效果的渐进双重差分模型进行计量分析。为此,本书将该方法运用到了第二、五、六章的经验研究中,在第二章、第五章的基准回归分析中,将研究期间(2004—2020)发生撤县设区的县作为处理组,这期间未发生撤县设区的县作为对照组。在第六章的基准回归分析中,将研究期间(2004—2020)发生撤县设区地市内部的非撤设县作为处理组,这期间未发生撤县设区地市内部的非撤设县作为对照组。

2. 工具变量法:样本选择偏差、遗漏变量、双向因果等因素可能导致撤县设区的选择存在内生性问题(关于内生性问题的具体讨论见后文)。本书在采用DID模型处理内生性问题的基础上,还将着重采用工具变量法(Instrumental Variable Analysis)对其进行处理,并加深对研究主题的理解。该方法主要运用于后文第二章、第五章、第六章的分析中:

考虑到撤县设区调整服务于城市发展空间扩容及都市圈、城市群建设,为此,对撤县设区工具变量的选择拟初步聚焦于以下几个角度:

(1)地市行政等级:城市的行政级别越高(如副省级城市和计划单列市),通常意味着该市在所处区域中的中心城市地位越突出,因此下属县更易也更可能被撤县设区。(2)城市开发强度:用建成区面积与市区面积的比值表示。建成区面积占市区面积的原比值越大,中心城市越有借助撤县设区争取更多土地资源、扩大建成区面积、进行城市化开发建设的需求与可能。地理距离:用县距离所在地市的质心距离表示。该变量最为外生,且在实践中,出于交通、土地、产业等规划成本问题,该距离的远近程度通常会成为考察该县是否适合撤县设区的重要因素。(3)地市内部的政区结构:用县所在地市内的市辖区占比表示。该比重越高,表明该地市越有可能偏向全域城市化管理模式,因此隶属的县越有可能被撤县设区。此外,为了控制时间效应,本部分参照Nathan和Qian(2014)研究中工具变量的设置方法,通过构造上述变量的交互项作为撤县设区的工具变量。

在后文中对非撤设县外溢效应和地市层面综合效应中工具变量的选择上,也均遵循与上述类似的思路,故此处不再复述。

四、数据来源

本书主要涉及三类数据资料的搜集、整理与匹配:

(一)政策文本资料

(1)根据中国行政区划网、中华人民共和国中央人民政府网、民政部和各省市县政府网站等官方渠道,收集并整理各级政府与部门对外发布的有关撤县设区的政策文件;(2)国定产粮大县名单来自国家发改委发布的《国家粮食安全中长期规划纲要(2008—2020年)》和《全国新增1000亿斤粮食生产能力规划(2009—2020年)》;(3)各层级地方政府"十四五"规划纲要,来自各层级人民政府官网,缺失地区通过政府公开咨询方式获取;(4)2021年和2022年两年度粮食产能约束性指标分配文件,通过政府网站检索、申请政府信息公开和公开咨询(含电话、邮件与信函)等方式收集。

(二)统计年鉴数据

国家、地方政府对外公布的历年经济社会统计数据,包括《中国统计年鉴》《中国城市统计年鉴》《中国城市建设统计年鉴》《中国区域经济统计年鉴》《中国县(市)社会经济统计年鉴》《中国县域统计年鉴(县市卷)》、各省市县(区)统计年鉴、各省(市)农村(经济)统计年鉴[①]、《全国地市县财政统计资料》《中国民政统计年鉴》等。

(三)地理信息空间数据

县区等行政划单位经纬度数据来自高德地图和百度地图;空间距离信息数据利用地理信息系统处理;夜间灯光亮度数据来自美国国家海洋和大气管理局官网;气温、降水数据来自中国气象科学数据共享服务网。

---

① 如《安徽农村经济统计年鉴》《江苏省农村统计年鉴》。

表1.1　研究涉及数据类型与来源

序号	全文涉及数据类型	数据来源（获取方式）
1	行政区划调整数据	来自中国行政区划网、中华人民共和国中央人民政府网、民政部网站以及历年行政区划简册等的手工整理
2	国定产粮大县名单	《国家粮食安全中长期规划纲要(2008—2020年)》《全国新增1000亿斤粮食生产能力规划(2009—2020年)》
3	"十四五"规划纲要	各层级政府人民政府官网 缺失地区通过政府公开咨询方式获取
4	粮食产能约束性指标	通过政府网站检索、申请政府信息公开和公开咨询（含电话、邮件与信函）等方式收集
5	宏观经济社会数据	《中国统计年鉴》《中国城市统计年鉴》《中国城市建设统计年鉴》《中国区域经济统计年鉴》《中国县(市)社会经济统计年鉴》《中国县域统计年鉴(县市卷)》、各省市县(区)统计年鉴、各省(市)农村(经济)统计年鉴、《全国地市县财政统计资料》《中国民政统计年鉴》等 通过历年来政府工作报告、地方志、国民经济和社会发展统计公报披露的相关经济社会数据补充缺失数据
6	地理信息、经济数据	县区等行政区划单位经纬度数据来自高德地图和百度地图 空间距离信息数据利用地理信息系统处理 夜间灯光亮度数据来自美国国家海洋和大气管理局官网
7	自然环境数据	从中国气象科学数据共享服务网获取降水、气温和日照时数

第五节　研究特色与创新

一、研究视角的创新

本书提出地方政府借助撤县设区转变粮食安全主体责任的理论和现实命题，在拓宽撤县设区动因解释的同时，开阔了目前粮食安全保障、城市化建设与政府行为治理的分析视野。

现有研究缺乏对地方政府如何应对城市化建设与粮食安全主体责任落实之间关系的深入探讨。本书立足地方政府面对撤县设区和粮食安全主体责任具有的不同激励，创新性地引入对区县建制变更之下粮食安全主体责任转变的思考,并凝练关键科学问题,提出地方政府借助撤县设区转变粮食安全主体责任的嵌入机制问题,并从制度空间上的可能性和现实选择上的利益激励两方面入手进行系统探寻。研究视角新颖,拓宽了粮食安全的分析视野,并在深化撤县设区动因解释的同时,有助于揭示地方政府在城市化建设和粮食安全保障中的行为决策机理,对于确保地方政府稳妥推进撤县设区和有效落实粮食安全主体责任具有现实的指导意义。

二、研究内容的创新

(一)拓宽撤县设区的绩效评价:对粮食生产的直接与外溢影响

本书不仅在粮食安全主体责任转变的关联之下,将撤县设区的绩效评价拓宽到对粮食生产的影响分析,而且还全面考量非撤设县粮食生产受到的外溢影响,这在开拓撤县设区经济影响研究领域的同时,使得对撤县设区影响粮食生产的考察也更加准确和全面。

既有研究对撤县设区的绩效评价集中于经济增长、城市化和公共服务供给等对象的讨论,缺乏对粮食安全主体责任转变之下如何影响粮食生产的关注,评价区域也并未考虑外溢效应的存在。撤县设区作为撤设县和地市共同发起并推进的行为决策,其对粮食生产的影响除了体现在撤设县所在地之外,也会通过外溢效应影响到非撤设县,而且对后者的分析也是系统评估地市层面粮食生产变化的应有内容。为此,本书尝试综合撤设县粮食生产受到的直接影响和非撤设县粮食生产受到的外溢影响,考察责任转变之下撤县设区的影响效应。这一研究内容不仅在理论层面拓宽了撤县设区绩效评价的对象,而且在政策含义上,将外溢效应纳入考察范围,也使得对撤县设区与粮食生产之间关系的把握更加准确和全面。

(二)协同撤县设区与粮食安全主体责任:粮食产能约束性指标的关注

本书将撤县设区的稳妥推进置于粮食安全战略的内涵之中,较早关注粮食产能约束性指标,提出制度优化的政策建议。

对撤县设区的稳妥推进做制度优化分析,并找到保障粮食生产的政策着力点,进而形成对地方政府行为的有效约束,这对于协调撤县设区与粮食安全主体责任的落实尤为重要。然而,针对撤县设区的政策优化,既有研究均未对粮食安全主体责任的转变及其粮食生产影响予以关注。为此,本书拟提出在撤县设区制度程序与议定内容上纳入对地方政府粮食安全主体责任考量的制度优化建议;同时,也将充分关注首次作为经济社会发展约束性指标的粮食产能,将之作为完善、压实粮食安全主体责任制度安排的政策着力点,进一步提出政策建议。本书将为撤县设区和粮食安全主体责任的制度优化,提供更加科学和具体的政策建议。

三、研究设计的创新

本书将2000年以来全国县级单位的历年经济统计与行政区划调整、地理信息和政策文本等多维度的数据资料进行匹配,大样本、多维度面板数据的收集、整理与使用,使得变量刻画、实证设计更加全面和细致,估计结果也更为可信。

本书结合手工整理、网络爬虫、数据库查询等多种方法手段,收集整理了2000—2021年全国2700多个县级单位300多个地市单位的经济社会统计、行政区划调整、粮食产粮大县和地理信息等数据信息,并以2020年行政区划代码为基准进行面板数据的校正与匹配。此外,也系统梳理了改革开放以来从中央到地方有关行政区划调整、粮食安全主体责任、历次五年规划和年度政府工作报告的法律法规政策文本。形成的大样本数据库,使得在研究中划分多类别处理组对照组、细致刻画粮食安全主体责任差异、测度撤县设区冲击强度、捕捉外溢效应空间异质性等关键环节实证设计成为可能,得出的模型估计结果也更为科学和可靠。

第二章　何以可能:嵌入的制度空间
——地方政府借助撤县设区转变粮食安全主体责任的制度空间

本章着重从区县类型和政府层级的角度,剖析并提炼粮食安全主体责任和撤县设区现有制度安排的特征。在此基础上,考察地方政府借助撤县设区转变粮食安全主体责任的主观能动性和制度约束,以此探明嵌入的制度空间。

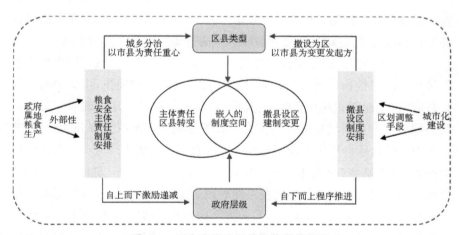

图2.1　制度空间分析的总体逻辑框架

第一节　地方政府的粮食安全主体责任差异

粮食生产天然具有弱质性与外部性特征,其相较于城市化建设而言,不仅对财政收入与经济增长的贡献较低,而且政绩凸显较弱(崔宁波,董晋,2020),并不利于地方政府在同级政府财政、经济竞标赛中绩效排名的提高。因此,地方政府从事粮食生产、履行粮食安全主体责任的激励明显不足于城市化建设等经济性活动。在此背景下,中央政府始终强调并力图层层压实各级地方政府在粮食安全尤其是生产方面的主体责任,并且表现为如下的纵向与横向特征:

一、层级政府间的纵向差异

粮食生产作为经济再生产与自然再生产交织重叠的物质生产过程,受到劳动对象(即有生命的动植物)和自然条件的显著制约,这使得地方政府对包括农地特征、作物特性、天气变化等在内粮食生产信息的收集和处理将更为及时和有效,因而具有粮食生产上的天然属地优势。此外,就算不考虑信息收集的完全与否,国家作为非有形主体,具体粮食作物计划的实施还面对着从中央到省市县之间的层层委托代理,同样需要付出巨大的组织成本与执行成本。[1]因此,中央政府面对地方政府在不对称信息和执行能力上的优势,一方面不得不在粮食生产上给予地方政府充足的决策空间,另一方面为了能有效约束地方政府的道德风险问题,并降低自身的监督考核成本,又需要按照"省—市—县"层级政府关系形成委托代理架构,并逐级分解粮食安全主体责任。如由于行政单位数量上的原因(见图2.2),相对于县级单位普遍被地市考核,县级单位被省级政府考核将要面临着更大的难度。

此外,在中国式的分权体制背景下,上级政府官员主要通过国内生产总值等相关经济性指标对下级政府官员进行政绩考核与提拔,由此形成了地方政府"自上而下式标尺竞争"的局面(周黎安,2007)。地方政府官员面对辖区国内生产总值绩效考评的压力和有限任期内政治权力晋升的动力,其行为表现通常倾向于优先发展对辖区经济有利的相关生产活动以获得政治上的升迁(王贤彬,徐现祥,2008;张莉等,2011)。其中,一方面由于经济绩效考核与官员权力晋升之间的关系随着政府层级的降低而越发明显与紧密(Landry,Lu,2018;Li等,2019),另一方面政府行政级别越低,面临的同级对手数量就会越多,竞争强度也会越大。由此,两者叠加使得层级政府自上而下从事粮食生产的激励也存在递减,最终同样使得在粮食安全上,以地市和县为代表的地方政府承担了更重的履行责任。

---

[1] 即便没有信息收集问题,上下级在执行能力上存在的差异,也会带来严重的委托代理问题,从而使得激励机制设计同样重要。Hart等(1997)较早详细讨论了这类问题。

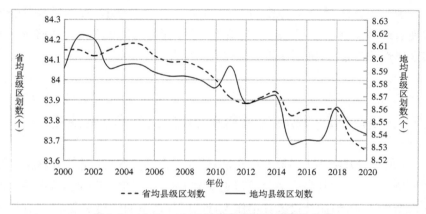

图2.2 2000—2020年全国县级区划数量变化

数据来源:《中国社会统计年鉴—2021》。

二、政区政府间的横向差异

地方政府权力和区域空间的耦合关系,由地方政府和其相应行政辖区的统一性所确立。也正是在这个意义上,附加于区划建制之上的行政区经济可以被理解为中国"权力经济"的空间表现(刘君德等,2015)。并且在一般意义上,相同种类的行政区域经济板块之间和不具有行政隶属关系的行政区域经济板块之间均不具有包容关系。在行政区划的横向结构上,政区类型的差异同样带来了经济职能重心的不同,最突出和重要的表现便是市辖区和县(含县级市)的差异,前者属于城镇型政区,重点发展第二、三产业。而后者属于地域型政区,重点发展农业。在2008年底国家划定的800个产粮大县中,除去非行政单位的农场(53个),市辖区(49个)只占到剩下全部产粮大县的6.56%和当年全部市辖区数的5.72%,而县(包括县、自治县和县级市)相应的比例却依次高达92.68%和38.01%。

表2.1 县与市辖区的横向比较

行政区划类型	县	市辖区
职能部门独立性	可以独立决策	相对不独立
行政体制	拥有相对独立财权事权	多数财权事权上收、统一于地级市
经济考核标准	有农业指标 农业农村工作较为重要	着重考核二、三产业 更关注城市化建设
财政收支结构	有独立权限 一定比例用于支援农村	由地级市统筹 主要用于城市建设与公共服务等

注:笔者整理所得。

因此,总体上而言,我国始终存在的城乡二元体制和行政区经济现象,促使农政区属性的县(包括县、自治县和县级市)尤其是产粮大县相较于城镇区属性的市辖区,需要承担更大程度的粮食安全主体责任。

第二节 城市化进程中的撤县设区历史演变

1954年的《中华人民共和国宪法》确立了市辖区作为城市二级政府的法律地位[①]。虽然撤县设区最早可以追溯到1960年辽阳专区沈阳县改设为沈阳市新城子区,但撤县设区真正作为行政区划调整的主要手段,还是在国家1997年基本冻结撤县改市之后[②]。

一、改革开放至20世纪末的撤县设区

改革开放后,计划经济体制逐步向市场经济体制转型,财政分权改革把更多的发展权力下放给地方政府,行政区划调整在中国式分权的制度框架下被中央和地方政府赋予了激励和经济功能(邵朝对等,2018),深刻改变了相关地方官员面临的激励与约束以及相关地方政府的权利范围、要素空间结构乃至地方政府间的竞争格局(王贤彬,聂海峰,2010;王志凯,史晋川,2015)。为了改变"地市并存"造成的机构重叠、条块分割以促进工业化和城市化,1982年中共中央51号文件[③]开始决定在经济比较发达的地区试行市领导县体制,并于次年于全国推广。各地纷纷撤地设市(或地市合并),其间,为鼓励中小城市和小城镇优先发展,撤县设市(县级市)应运而生,撤县设区的实践相对零散,但由于地方政府的策略性行为和小城市规模集聚不足,缩小城乡差距的预期目标并未得到实现,反而造成了虚假城市化现象(Fan等,2012;韩永辉等,2014),直到1997年撤县设市被中央叫停,撤县设区的实践才逐渐进入高峰期。

---

① 第五十三条:"中华人民共和国的行政区域划分如下:……直辖市和较大的市分为区。"第五十四条:"省、直辖市、县、市、市辖区、乡、民族乡、镇设立人民代表大会和人民委员会。"

② 直到20年之后的2017年,民政部才"解冻"撤县设市的审批,当年,河北省平泉县、浙江省玉环县、陕西省神木县、四川省隆昌县、湖南省宁乡县、贵州省盘县6个县获批撤县设市。

③ 《中共中央、国务院关于省、市、自治区党政机关机构改革若干问题的通知》。

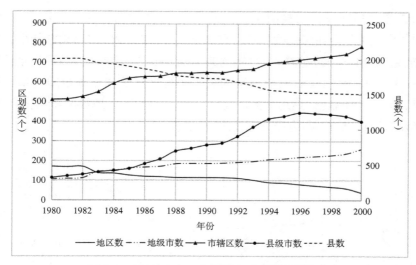

图2.3　1980—2000年全国行政区划数量变化

数据来源:《中国社会统计年鉴—2021》。

二、21世纪以来的撤县设区

2000—2004年,随着我国住房制度、土地出让制度的改革以及市管县体制①的逐步确立,以及2001年加入世界贸易组织,人口、劳动力、资本等资源要素迅速向城市地区集聚,促进了城市化水平的快速提升,这段时期能扩张城市规模的撤县设区数量快速增加,年均新增市辖区达到了13个,其中尤以大城市增长最为明显②。但由于这期间部分地区土地城市化程度远超人口城市化、盲目扩张市辖区等问题凸显,加之2003年之后中西部地区得到偏向性的土地供应政策(陆铭,2018),县改区的审批权被收紧,2005—2011年部分年份市辖区总量甚至一度呈现负增长。2011年我国常住人口城镇化率首次超过50%③,行政区划设置作为顺应和促进城市发展的重要基础性制

---

① 1999年《中共中央、国务院关于地方政府机构改革的意见》要求"调整地区建制,减少行政层次,避免重复设置",至2004年,以地区和县级市合并设立地级为主,通过实行市领导县体制强化了中心城市的建设,地级市数量显著增加,这一时期市辖区数量也随之通过"撤县设区"和直接设立等方式迅速增长,可称之为被动型的撤县设区(高琳,2011)。

② 这也跟2001年"十五规划"提出"大中小城市和小城镇协调发展",一定程度上放松了对大城市的发展限制有关。

③ 国家统计局2012年指出:"城镇化率首次超过50%,这是中国社会结构的一个历史性变化"。数据来源:国家统计局发布的新中国成立70周年经济社会发展成就系列报告之十七,详见https://www.gov.cn/xinwen/2019-08/15/content_5421382.htm。

度,深层次的变革再次被国家提上日程,2012年党的十八大报告、2013年《中共中央关于全面深化改革若干重大问题的决定》、2014年《国家新型城镇化规划(2014—2020年)》、2017年党的十九大报告、历年新型城镇化建设重点任务和2019年《国家发展改革委关于培育发展现代化都市圈的指导意见》、2020年"十四五"规划等报告或文件中,均不约而同地提出要"优化行政层级和行政区划设置,有序推进县改区、市改区"。

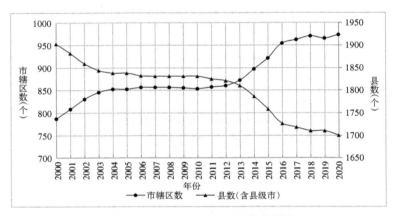

图2.4　2000—2020年全国县区数量变化
注:图中县数不含旗、自治旗、林区、特区,数据来自历年《中国民政统计年鉴》。

　　进入21世纪,城镇化与城市群相辅相成,城市群成为新的经济增长极,以特大型中心城市为核心的国际竞争激发了城市群的形成与发展,我国城市化战略因此越来越向县域城市化与大城市群倾斜(叶敏,2012)。由于计划经济时代的影响,中国城市之间以纵向协调为主导,内部倾向于形成封闭运行的经济体系,横向协调的动力与机制严重缺乏,不利于长三角、珠三角、京津冀等大型城市群的高质量发展(匡贞胜,2020)。因此需要运用行政区划调整手段来缓解城市之间在招商引资过程中的恶性竞争与产业同构、基础设施重复建设、规划衔接及边界管控等问题,通过撤县(市)设区、改变隶属关系、撤镇设街道等方式推动外部问题内部化,把横向协调问题转变为纵向管理问题。自此以来,市辖区数量开始快速增加,并且从以往单个城市的适应性调整转向基于城市群都市圈的战略布局引领,更加重视区域统筹协调。

　　但是随着特大城市、超大城市与中小城镇之间的差异不断扩大,县域之间的不平衡发展日益加剧,不合理的城市化规模格局越发违背我国高水平、高质量协调发展的城市化战略。为此,2022年3月国家发改委发布的《2022年新型城镇化和城乡融合发展重点任务》,以及5月中办、国办印发的《关于推进以县城为重要载体的城镇化建设的意见》等诸多政策文件,均已明确强调"严格控制"撤县设区,杜绝"摊大饼"式的城市扩张路径。至此,国家对于撤县设区的政策导向转向为"慎重从严"①。

表2.2　不同历史时期撤设发生情况与城市化发展战略梳理

时期	撤县设区情况	城市化发展战略/政策
1978—1999年	撤县设区仅零星发生	控制大城市规模,中小城市与小城镇合理、积极发展
2000—2004年	撤县设区逐步开展并达到高峰	大中小城市和小城镇协调发展
2005—2013年	撤县设区平稳开展	"以人为本"的城市化发展主线
2014—2021年	撤县设区再次达到高峰	以城市群为主体,大中小城市和小城镇协调发展
2022年至今	严格控制撤县设区	优化城市化规模与都市圈空间结构,实现高水平、高质量协调发展

注:笔者根据相应政策文件整理所得。

第三节　嵌入的制度空间:撤县设区中的责任转变

撤县设区的直观表现是行政区与经济区的重新组合(陈占彪,2009),但从行政区划调整的制度过程来看,撤县设区首先是关于政府职能履行的决策行为,其后才呈现为空间组织关系的变更结果(高祥荣,2015;刘君德,2002)。为此,有必要从程序上进一步考察撤县设区的制度过程,进而探寻地方政府借助撤县设区转变粮食安全主体责任的制度空间。本节通过梳理从中央到地方关于撤县设区的相关政策文件、规定及公开的撤县设区案例,从撤设中的决策程序与决策内容入手,考察市县地方政府在撤设中借助区县建制变更改变粮食安全主体责任承担程度的主观能动性和制度约束,剖析嵌入的制度空间:

---

① 这也进一步佐证了本书对于撤县设区的谨慎、稳妥推行具有的重要政策参考价值。

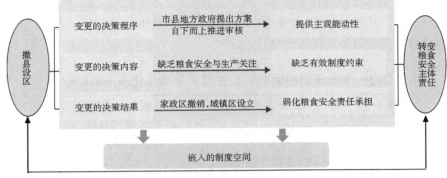

图2.5　制度空间的理论机理

一、撤设决策程序:地方政府推动嵌入的主观能动性

在撤设方案的决策程序上,由市县两级地方政府率先提出变更方案,此后自下而上逐级推进,这一安排给出了地方政府嵌入粮食安全主体责任转变意图的制度基础和主观能动性。在《国务院关于行政区划管理的规定》(1985年发布,已废止)和《行政区划管理条例》(2018年发布)中均明确规定"制订变更方案,逐级上报审批",这为上下级间的互动提供了制度基础[①]。从实践来看,地市政府基于经济发展、空间生产和权力扩张等工具理性目标的考量更倾向于主动发起县级行政区划改革议程。但在权利规定上,最初变更方案也可以由县级政府主动提出。但无论谁先提出变更方案,在上报省级政府的总体方案上,始终要求地市政府和县级政府之间必须达成方案内容的意见一致[②],并附以材料证明。

由于市县经济系统在实践中往往关系较为复杂,在加强市县区域经济协调发展宏观格局的同时,也要面临市县经济系统内在协同程度不一、外在辐射强度不等的微观基础问题(杨林,薛琪琪,2017)。为此,为实现地市政府与县级政府的双发利益,双方也会在方案上采取策略性设定,同意原县级

[①] 由于行政区划调整并不具有从上而下政治动员式的上级高压、严密监管和惩罚机制等特征,加之涉及地方的综合利益,地方政府拥有充足的谈判时间和强烈的谈判动力。从实践来看,时间的谈判跨度可以长达几年。

[②] 从公开报道的撤县设区失败案例来看,一个重要的原因就是地市和县级政府之间就是否需要发生变更以及变更方案的具体内容上未达成一致意见,而导致"胎死腹中",如浙江湖州市拟将下属长兴县改区,但遭到县委四套班子全员反对,最终提案予以搁置。

单位在一定年限内保留原全部或部分经济管理权限①②。一旦地市政府与县级政府就方案达成一致,后续上报省级政府民政厅和民政部的审批环节则更多体现的是程序上的完整性,省级以上部门对方案修订的建议大多聚焦于变更后地名等形式上的内容,互动的空间不断减少。

二、撤设方案内容:地方政府实现嵌入的制度软约束

在撤设方案的决策内容规定上,各级政府均缺乏对粮食安全和生产的考量,导致地方政府借助区县变更以转变粮食安全主体责任缺乏制度上的有效约束。现有制度安排规定,地市政府和县级政府就方案的确定除形式上必须考虑是否符合设区标准的一般性要求外,还需要充分统筹考虑同级不同部门、上下级不同部门,尤其是各自地区长远期发展等方面的综合利益③。其中标准主要参考的是2014年民政部发布的《市辖区设置标准(征求意见稿)》,文件虽然在产业结构、财政收入等经济指标方面给出了明确条件要求,但因为"设置标准"和"区划规定""调整报告"等行政规章的法律位阶过低,以至于多个地方在设市辖区时并未严格遵守这一规定(王禹澔,张恩,2021)。事实上,文件中规定的"城市功能、城市发展、城市区位对于国家经济社会发展有重要作用和战略意义的市,设立市辖区可适当放宽条件"④的模糊条款,也给地方政府留出了足够的变通空间。

---

① 如2016年淮安市洪泽撤县设区中便规定洪泽保留原县级事权、经济管理权限不变,继续享受原有的各项优惠政策不变,因区划调整须由市级行使的行政审批、行政执法等权限委托洪泽区行使;2017年青岛市即墨县改市撤设为区中规定,即墨享有县级管理权限3—5年过渡期,保持县级市事权、经济管理权限不变。

② 因为撤县设区意味着地市政府对县级政府一定程度的再集权过程(吴金群,廖超超,2018),所以在经济实力组合的一般意义上,强市弱县、弱市弱县中地市政府往往更具主导性,而在弱市强县、强市强县中县级政府更有可能获得谈判优势。

③ 由于行政区划调整并不具有政治动员式的上级高压、严密监管和惩罚机制等特征(叶林,杨宇泽,2017),加之涉及地方间的综合利益,使得地方政府拥有充足的谈判时间和强烈的谈判动力。从实践来看,政府之间的时间谈判跨度甚至可以长达几年。

④ 参见文件第三条规定。

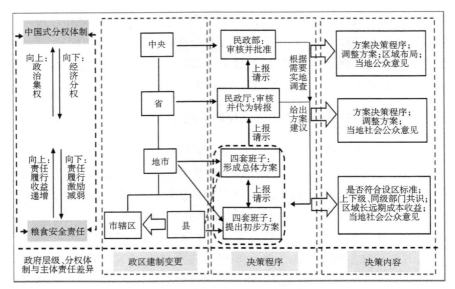

图2.6　撤县设区的制度安排

注：根据实践案例和《行政区划管理条例》《市辖区设置标准（征求意见稿）》《行政区划管理条例实施办法》及部分省市相关规定等政策文件所绘。

　　总体上，方案内容的确定过程涉及市县两级地方政府全部党政机关，要求两级政府四套班子（"党委、人大、政府和政协"）达成一致意见①。而在省级以上政府的内容审核中，一方面缺乏部门之间的协同，只限于民政厅和民政部，在2019年《行政区划管理条例》新增的第14条中，才明确强调行政区划变更需要相关职能部门的内部参与和协同，但也只限于模糊的定性条款，缺乏操作性和实质约束性。另一方面关注的要点也主要是上报方案的内容（包括社会公众意见）和议定程序是否符合法定要求。完成审核后，最终根据城市化发展的空间布局思路，把握总体幅度、力度和速度，予以通过发布②。

---

① 　地方政府对撤县设区的推动，大多由地方最高主政官员直接主管。
② 　具体批复署名上，根据《国务院办公厅关于征用土地和变更行政区划等行文问题的通知》（国办发〔1988〕14号）规定：关于审批行政区划的行文，对县、不设区的市和市辖区的行政区划的变更，经国务院批准后，由民政部发文，注明"经国务院批准"；对自治州和设区市的行政区划的变更，仍由国务院发文。

表2.3　市辖区设置标准的相关政策文件梳理

年份	政策文件	相关规定	备注
1955	《国务院关于设置市、镇建制的决定》	超过20万人口的市如有必要,可以设立市辖区,否则一般不应设立市辖区	现有标准逐渐对城市人口规模、经济总量、产业结构、财政收入等指标作出了明确规定;但至今尚未正式出台文件定案,使得实践中因缺乏统一的标准而出现盲目撤设等失范行为
1993	《关于调整设市标准报告》	主要是针对县级市设立标准进行规定 县改区实践过程中大致也依据其标准展开	
2003	《市辖区设置标准》	⇨ 允许直辖市和地级市设立市辖区,其中市区总人口在300万人以上城市,平均每60万人可设立1个市辖区;最小市辖区人口不低于25万人,其中非农人口不低于10万人 ⇨ 对于中心城市郊县、县级市改设为市辖区需满足: 就业人口中从事非农人口的比重不得少于70%;	
2014	《市辖区设置标准(征求意见稿)》	二、三产业产值占国内生产总值比重达75%以上; 国内生产总值与财政收入需达到上一年该市辖区对应指标的平均水平	

注:笔者根据表中政策文件整理所得。

第四节　经验证据:撤县设区对地方政府财政支农的影响

　　国家权力的影响强度随着行政层级的下沉而减弱(周雪光,2011)。通过前文分析可知,以地市和县为代表的地方政府作为撤县设区第一发起方和推动者,具有决策程序上的主观能动性,同时又由于撤县设区在方案内容上以城市化建设为导向,进一步使得地方政府在撤设决策上缺乏对粮食安全保障的关注和制度约束。由此,地方政府便可以凭借掌握的辖区不对称信息优势提出变更申请方案,并带有转变粮食安全主体责任的潜在诉求,即存在地方政府借助撤县设区转变粮食安全主体责任的制度空间(见前文图2.5)。本节将从定量角度为制度空间的存在提供经验证据。

一、研究设计:撤县设区对地方政府财政支农的影响

作为服务城市化战略的制度性手段,撤县设区改变了原先的行政区划建制类型,使得与农村经济社会形态相适应的县转变为与城市经济社会形态相适应的市辖区。鉴于二者具有不同的经济基础与管理模式,于是在县向市辖区转变的过程中其经济职能部门的施政重心将从原有的农业管理转向二、三产业的规划建设与公共服务供给。因此,我们可以从撤县设区之后地方政府经济职能重心的变化,尤其是财政支农程度的变化入手,为制度空间的存在提供经验证据。

鉴于撤县设区的发生具有渐进性的特点,表现出地区与时间上的双重差异。由此,本部分采用多期DID(Time-varying DID)模型进行计量分析。参照Beck等(2010)、Yan等(2020),构建实证模型(2.1),考察撤县设区对财政支农的影响。

$$Transform_{it} = \alpha + \beta_1 DID_{it} + \lambda Z_{it} + \upsilon_i + \mu_t + \varepsilon_{it} (2.1)$$

其中,i表示县域,t表示年份。$Transform_{it}$表示县域i在第t年的财政支农情况;DID_{it}等价于传统DID模型中的treat*post变量,赋值规则为,对于i县,在撤县设区当年及后续年度取1,否则为0。υ_i表示地区固定效应,以控制不随时间变化的个体影响因素,如宗教文化、自然条件、区位条件差异等;μ_t表示年份固定效应,以控制随年份变化而不随地区个体变化的各种影响因素,如宏观层面的经济波动或其他方面国家与地方政策等外生冲击;ε_{it}表示误差项。Z_{it}为县级层面与所在地市层面的一组控制变量。

二、数据来源、变量定义与描述性统计

(一)数据来源与处理:2000—2020年1850个县级面板数据

考虑撤县设区的经验特征以及县级数据的可获性,本书采用样本的时间跨度为2000—2020年,并进行如下样本选择:首先,以2020年行政区划代码[①]为基准进行面板数据的匹配,剔除时间段内非连续存在(如并入其他县导致建制取消)、行政建制发生拆分(如一个县拆分为两个以上市辖区)、行政区域面积较大变化(如县域面积进行拆分)、行政隶属关系变更(如隶属地市政府的关系变化)、地区升格为地级市而被动变为市辖区、建制为旗(旗级建制历史上未发生过撤县设区,也未有任何的产粮大县划定)、直辖市(下属县的行政级别为地市级,不具有可比性)、台港澳、海南(省管县体制)、西藏

---

① 来自民政部网站:http://www.mca.gov.cn/article/lxwm/。

等特殊情况的县级样本;其次,剔除2000年县级建制类型中为市辖区的县级样本。最终参与模型估计的样本为2000—2020年25个省级单位310个地市单位1850个县级单位。

（二）变量选择与定义

1. 核心自变量:撤县设区。撤县设区是设区地市政府将其周边所属的县或代管的县级市纳入其中心城区管辖范围的一种行政区划调整过程,它本质上是地方政府权能关系的一种调整方式。包含两个基本要素:一是县（县级市）的行政建制必须被撤销,二是新的市辖区必须设立,且其行政区域必须以原县部分或全部行政区域为基础,两个要素缺一不可[①]。根据上述内涵界定,最终纳入估计模型的估计的有145个县（县级市）发生撤县设区。

表2.4　撤县设区的历史分布

年份	2001	2002	2003	2004	2005	2006	2007
次数	8	13	6	5	0	2	0
年份	2008	2009	2010	2011	2012	2013	2014
次数	0	1	1	4	6	10	22
年份	2015	2016	2017	2018	2019	2020	合计
次数	19	23	6	8	6	5	145

2. 因变量:财政支农。借鉴文献做法,将农林水事务财政支出占一般公共预算财政支出的比重作为财政支农程度的代理变量,以反映县域经济职能中心向非农方向的转变。数据来源于《全国地市县财政统计资料》《中国县域统计年鉴》、各省市县(区)统计年鉴、县级政府年度统计公报和公开的财政资金预决算公开平台[②]。

3. 其余控制变量。除上述变量外,本章也控制了县级和地市层面的气候、经济数据主要来源于《中国统计年鉴》《中国城市统计年鉴》《中国农村统计年鉴》《中国城市建设统计年鉴》,区县层面的数据则收集于《中国县域统计年鉴》以及各省市县(区)统计年鉴、中国气象科学数据共享网。

[①] 如"切块设区"是把县的部分行政区域划出来设置新的市辖区,原有县的行政建制保持不变,只是更改了县的行政区域,因而就不属于撤县设区的范畴。当县级市升格为地级市或"撤地改市",其原有同名县(市)随之撤县设区的不列入统计。

[②] 省级平台如江苏省预决算公开统一平台(https://www.jszwfw.gov.cn/yjsgk/list.do),地级市平台如南阳市财政资金预决算公开平台(http://caizj.nanyang.gov.cn/info/iList.jsp?cat_id=44157)。

表2.5　制度空间分析涉及的变量定义与描述性统计

变量类型	变量名称	变量定义	观察值	均值	标准差
因变量	财政支农比重(%)	100×(财政预算内农林水事务支出/财政预算内收入)	30014	12.89	6.38
自变量	撤县设区	1=发生撤县设区, 0=未发生撤县设区	38955	0.03	0.17
县级控制变量	气温(摄氏度)	年平均气温	38915	13.81	4.33
	降水(0.1毫米)	年降水量	38915	9521.53	4374.41
	农业内部结构(%)	100×(农业产值/农林牧渔业总产值)	31200	55.54	16.59
	农业机械总动力	万千瓦	37816	36.44	37.13
县级控制变量	第一产业比重(%)	100×(第一产业增加值/GDP)	36944	24.47	13.52
	财政收支压力	(财政预算内支出−财政预算内收入)/财政预算内收入	37935	4.59	7.25
	经济地位(%)	100×(该县GDP/所属地市GDP)	36518	10.47	8.13
县级控制变量	产业高级化程度	第三产业增加值/第二产业增加值	37016	1.20	10.46
	农业地位(%)	100×(该县农林牧渔业总产值/所属地市农林牧渔业总产值)	34408	13.75	10.45
	第一产业比重(%)	100×(第一产业增加值/GDP)	37912	17.20	10.25
	产业高级化程度	第三产业增加值/第二产业增加值	37912	82.80	10.25
地市级控制变量	财政收支压力	(财政预算内支出−财政预算内收入)/财政预算内收入	38266	2.52	3.72
	经济地位(%)	100×(该地市GDP/所属省份GDP)	37958	8.12	6.89
	城市开发强度(%)	100×(地市建成区面积/地市市区面积)	31543	8.55	10.89
工具变量	市辖区比例(%)	100×(地市市辖区数/地市所辖县级单位数)	35245	23.24	19.49
	地理距离(公里)	区县离所在城市的质心距离	38955	61.73	43.83

注:上述控制变量均加1取对数,并滞后一期。

三、基准回归与动态效应

(一)基准回归分析

撤县设区对财政支农影响的回归结果见表2.6。模型估计结果显示,撤县设区的发生在99%的置信水平上负向影响了地方政府的财政支农程度,且在均值水平上相当于降低了财政支农比重的 15.75%(=100%*2.03/12.89)。可见无论在统计学还是经济学意义上,撤县设区的发生的确促进了原辖区政府经济职能的重心偏向非农领域,与我们的理论预期一致,一定程度上说明了撤县设区作为服务城市化战略的制度性手段,在制度安排上缺乏对农业生产尤其是粮食生产的关注,从而使得地方政府存在借助建制变更转变粮食安全主体责任的制度空间。

表2.6 撤县设区对财政支农影响的估计结果

	财政支农比重 (农林水事务财政支出占一般公共预算财政支出的比重)					
	对数值					水平值
	(1)	(2)	(3)	(4)	(5)	(6)
撤县设区	−0.212*** (0.033)	0.204*** (0.031)	−0.171*** (0.031)	−0.1334*** (0.035)	−0.132*** (0.035)	−2.031*** (0.494)
县级控制变量	—	—	—	√	√	√
地级控制变量	—	—	—	—	√	√
年份固定效应	√	—	√	√	√	√
县级固定效应	—	√	√	√	√	√
常数项	2.537*** (0.006)	2.527*** (0.001)	2.536*** (0.001)	0.355 (0.351)	−2.270*** (0.819)	−67.545*** (12.425)
R2	0.329	0.289	0.603	0.620	0.622	0.555
观测值	30014	30014	30014	21242	20962	20962

注:括号内为聚类到地市层面的稳健标准误,*、**和***分别代表10%、5%和1%的显著性水平。符号"√"表示对应变量在模型中予以控制。本章后文模型回归表格中如无特殊说明,与此处相同。

(二)平行趋势与动态效应分析

运用双重差分估计方法能否得出真实因果处理效应的重要前提条件

是,在政策执行之前,撤县设区发生地区与非发生地区之间的财政支农趋势不存在系统性差异,或者存在差异,差异也是固定的,即需要符合平行趋势假设。为了检验趋势是否成立,参考已有文献的标准做法(Beck等,2010),采用事件分析法进行检验,并将模型(2.1)改写如下:

$$Transform_{it} = \alpha + \sum_{j=-M}^{n} \beta_j \cdot DID_{i,t-j} + \lambda Z_{it} + \upsilon_i + \mu_t + \varepsilon_{it} \quad (2.2)$$

在模型(2.2)式中,因变量和控制变量与模型(2.1)的相同。其中,$DID_{i,t-j}$为虚拟变量,如果县级地区i在$t-j$时期发生了撤县设区,则该变量取值为1,否则为0(M、N分别为撤设发生时点前后的期数)。因此,β_0衡量的则是发生撤县设区当前的影响效果,β_{-M}至β_1衡量的是发生撤县设区之前1至M期的影响效果,β_1至β_N衡量的是发生撤县设区之后1至N期的影响效果。如果β_{-M}至β_{-2}显著为0,则说明撤县设区发生之前处理组和控制组之间不存在显著差异(以-1期为基准组),即平行趋势假定成立。此外,相较于模型(2.1)仅估计了撤县设区影响财政支农程度的平均处理效应,通过将政策干预时点后移,便可以同时利用估计系数β_i捕捉政策干预后各年份处理效应的动态变化。为更加直观地观察平行趋势的假设检验以及影响的动态效应,图2.7绘制了财政支农取对数值时β_t的估计系数及其95%的置信区间,可以看出撤县设区发生时点之前所有交互项的系数无法在95%的显著性水平上拒绝等于零的原假设,并且撤县设区后用于支农的财政比重变化具有明显的时间效应,时间将持续8年。

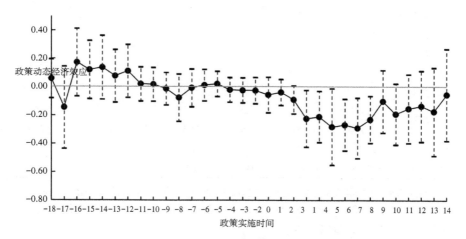

图2.7　撤县设区影响经济职能转变的动态效应

表2.7　撤县设区影响经济职能转变的分时段政策显著性联合假设检验

时段范围	原假设	财政支农比重（对数）	
		F统计量	P值
撤县设区发生前	估计系数联合为0	0.41	0.9436
撤县设区发生后	估计系数联合为0	10.49	0.0000

四、稳健性分析

（一）组别设计：政区关系、撤县设区次数与区划调整类型

考虑到同一地市内倘若发生了其他类型的区划变更，极有可能给本县的经济职能重心带来影响。因为从理论上来看，不论是县改市还是区改县等其他可能的行政区划调整，均是我国以经济目的为出发点、以促进要素充分流动、满足社会生产地域分工为实施途径的重要手段，经济职能重心在此过程中难免会因经济导向的发展策略而受到一定程度的影响（张可云，李晨，2021），这一影响的存在可能干扰对撤县设区影响经济职能重心转变的分析结果。因此，为提供更为严谨的实证依据，本书在此部分的稳健性检验中首先限定实验组为同一地市内只发生了县改区这一种类型区划变更的样本，以排除其他类型区划变更对估计结果的干扰。其次，考虑到同一地市内撤县设区发生频次带来的潜在影响，我们将处理组限定为至多发生一次撤县设区的样本进行回归，并在（3）列中同时限定上述区划调整类型与撤县设区次数的条件进行估计。回归结果显示，撤县设区的估计系数仍在1%的水平上显著为负。

进一步地，鉴于双重差分法中的一个经典假设是个体的处理与否不会影响其他个体，如果发生撤设的县受到处理之后，对照组没有发生撤设的县原有的粮食产量受到影响，则会使得基准回归结果的可靠性受到较大干扰。出于对此的担忧，在组别设计上，我们也剔除了撤设县所在地级市内的未撤设县，即限定处理组与对照组不在同一地级市内部，从而阻断地级市内部撤设县与非撤设县之间相互影响的渠道。在表（4）～（7）列中，同时汇报了全样本、限定处理组至多只发生了撤县设区一种类型区划调整、限定处理组至多发生一次撤县设区，以及同时附加上述两个条件的回归结果。估计系数显示，在排除了地级市内部撤设县与非撤设县之间的相互影响后，撤县设区依旧在1%的水平上显著为负，表明本章基准回归结果的稳健可靠。

表2.8 变更组别设计的制度空间稳健性检验

	财政支农占比(对数)						
	不限制组别是否归属同一地市				组别不在同一地市内部		
	(1)	(2)	(3)	(4)	(5)	(6)	(7)
	至多只有撤县设区一种类型区划调整	至多发生(1)一次撤县+设区(2)		全部	至多只有撤县设区一种类型区划调整	至多发生(5)一次撤县+设区(6)	
撤县设区	−0.132***	−0.134***	−0.144***	−0.161***	−0.156***	−0.162***	−0.169***
	(0.037)	(0.042)	(0.048)	(0.036)	(0.038)	(0.043)	(0.049)
县级控制变量	√	√	√	√	√	√	√
地级控制变量	√	√	√	√	√	√	√
年份固定效应	√	√	√	√	√	√	√
县级固定效应	√	√	√	√	√	√	√
常数项	−2.744***	−1.732**	−2.048**	−1.921**	−2.572***	−1.352	−1.855**
	(0.905)	(0.854)	(0.947)	(0.846)	(0.952)	(0.829)	(0.928)
R2	0.623	0.626	0.629	0.667	0.668	0.672	0.675
观察值	18106	18765	16008	14802	12604	14309	12135

(二)工具变量法:地理距离、城市开发强度与地市内部政区结构

考虑到样本选择偏差、遗漏变量、双向因果等因素可能导致撤县设区存在内生性问题,从而使得基准估计结果出现偏误,笔者也将采用工具变量法进行进一步的稳健性检验(工具变量的选择逻辑见前文)。为控制时间效应,参照Nathan和Qian(2014)研究中工具变量的设置方法,本部分构造的两个工具变量分别是:城市开发强度(用建成区面积/市区面积表示)*地理距离(用县距离所在地市的质心距离表示);地市内部政区结构(用县所在地市内的市辖区占比表示)*地理距离(用县距离所在地市的质心距离表示)。表2.8中汇报了将工具变量纳入回归模型后的估计结果。结果显示,在控制模型内生性问题的基础上,撤县设区的估计系数依然在10%的水平上显著为负,于是进一步佐证了我们基准回归结果的稳健可靠,即撤县设区显著促进了原辖区政府经济职能的重心偏向非农领域,间接说明了撤县设区这一服务城市化战略的制度安排使得地方政府存在借助建制变更转变粮食安全主体责任的制度空间。

进一步地,为考察工具变量所需满足的相关性与外生性两个基本条件
(Acemoglu等,2001),本书也采用了多种统计检验进行辅助判断:第一,弱工
具变量检验显示,Kleibergen-Paap rk LM统计量大于Stock和Yogo(2005)
审定的F值在10%偏误水平下的19.93的临界值,表明不存在弱工具变量问
题;第二,过度识别检验的P值显示不具有统计显著性,表明无法拒绝所选
取工具变量具有外生性的原假设。综合可知,模型估计的稳健性进一步得
到了验证。

表2.9　考虑内生性的制度空间稳健性检验

	财政支农		
	(1)	(2)	(3)
撤县设区	−0.749***	−0.589*	−0.625*
	(0.277)	(0.322)	(0.322)
县级控制变量	—	√	√
地市控制变量	—	—	√
时间固定效应	√	√	√
地市固定效应	√	√	√
弱工具变量检验	38.132	29.133	29.919
(Kleibergen-Paap rk Wald F)	(>19.93)	(>19.93)	(>19.93)
过度识别检验p值	0.674	0.681	0.548
观察值	21714	17925	17735

除此之外,本研究还从以下几个角度展开了进一步的稳健性检验:首
先,在地理区位上剔除省界县样本,并且考虑到城市级别的影响,进一步剔
除了高级别地市样本进行回归;其次,为排除国家2006年取消农业税改革
带来的估计结果偏误,仅保留了2007—2020年的样本参与估计,同时,进一
步控制地市与年份固定效应;最后,本研究也在行政级别的类型上作了进一
步细分,分别汇报了剔除自治县、仅保留县以及仅保留县级市样本的估计结
果。上述稳健性检验均表明,地方政府存在借助撤县设区转变粮食安全主
体责任的制度空间。

表2.10　考虑地理区位等的制度空间稳健性检验

	（1） 剔除 省界县	（2） 剔除 高级别 地市	（3） 2007 -2019 年	（4） 控制地 市年份 交互固 定效应	（5） 剔除 自治县	（6） 仅保留 县	（7） 仅保留 县级市
撤县设区	−0.113*** （0.037）	−0.148*** （0.039）	−0.114*** （0.033）	−0.096*** （0.026）	−0.133*** （0.035）	−0.142*** （0.042）	−0.106** （0.052）
县级 控制变量	√	√	√	√	√	√	√
地级 控制变量	√	√	√	√	√	√	√
年份 固定效应	√	√	√	√	√	√	√
县级 固定效应	√	√	√	√	√	√	√
地市年份 固定效应	—	—	—	√	—	—	—
常数项	−1.830* （1.045）	−1.908** （0.853）	−3.920*** （1.029）	−2.602*** （48.201）	−2.411*** （0.853）	−2.213** （0.905）	2.374*** （0.002）
R2	0.632	0.619	0.570	0.830	0.625	0.613	0.633
观察值	13709	19206	14807	20579	20075	16115	5815

第五节　本章小结

本章首先从区县类型和政府层级的角度,剖析地方政府的粮食安全主体责任及其差异。与此同时,梳理城市化进程中撤县设区的历史演变,并着重聚焦于从撤设的决策程序与方案内容来凝练撤县设区现有制度安排的特征,考察地方政府借助撤县设区转变粮食安全主体责任的主观能动性和制度约束,以此探明嵌入的制度空间。在此基础上,从撤县设区之后地方政府经济职能重心的变化,尤其是财政支农程度的变化入手,利用2000—2020年1850个县级单位的面板数据,为制度空间的存在提供经验证据。

研究发现,现有事关撤县设区的制度安排,使得以地市和县为代表的地方政府作为撤县设区的第一发起方和推动者,具有决策程序上的主观能动性,同时又由于撤县设区在方案内容上以城市化建设为导向,进一步使得地方政府在撤设决策上缺乏对粮食安全保障的关注和制度约束。由此,撤县设区的决策程序和决策内容制度安排共同导致缺乏粮食生产激励的地方政府可以凭借掌握的辖区不对称信息优势提出具体的撤设方案,其中便可带有转变粮食安全主体责任的隐含诉求,即存在地方政府借助撤县设区转变粮食安全主体责任的制度空间。

第三章　何以选择:嵌入的利益激励
——地方政府借助撤县设区转变粮食安全主体责任的利益激励

上一章中的制度空间分析,只是提供了嵌入得以发生的可能,而这一制度空间是否会被市县两级地方政府所共同利用,就需要对撤县设区中市县两级地方政府转变粮食安全主体责任的利益激励和一致性进行系统分析[①]。以经济分权和政治集权为核心特征的中国式分权体制,使得地方政府及其官员的行为激励主要来源于追求经济发展绩效和对保有权力与政治晋升的努力(周黎安,2007),同时这两类激励也构成了不同政府之间合作能否达成的出发点与落脚点(张翔,2019)。为此,本章将重点基于中国式的分权体制背景,从发展绩效的经济利益和权力晋升的政治利益两方面入手,分析地市政府和县级政府借助撤县设区转变粮食安全主体责任的利益激励及其一致性。

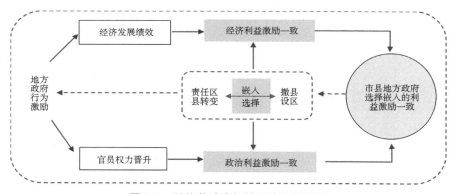

图3.1　利益激励分析的总体逻辑框架

---

① 从报道的撤设失败案例来看,一个重要的原因就是地市和县级政府之间是否需要发生变更,以及在变更方案的具体内容上未达成一致意见,从而导致"胎死腹中"。如2013年浙江湖州市出于市一级核心利益的考量,拟将下属长兴县改区,为了说服长兴,湖州甚至承诺"五不变"(名字不变、面积不变、财政体制不变、县级管理权限不变、县级管理体制不变),但依旧遭到县委四套班子和社会各界的全员反对,最终提案被予以搁置。

第一节　经济利益激励的一致性分析

近年来,尽管学界与政界正日益强调将高质量供给、基础民生、生态环境等长期性指标纳入地方政府的政绩考核体系,但由于在实践中,许多地方和部门尚缺乏完善的政绩考核制度,尤其是重显性政绩、轻隐性政绩等问题依然广泛存在,使得短期内以GDP为主的政绩考核体系难以完全改观。换言之,地方政府官员仍旧需要面临以GDP等可衡量指标为主的政绩考核压力[1]。因此,本部分紧接上文,仍基于中国式分权的体制背景,从经济发展绩效和权力晋升两方面入手,分析粮食生产职能转变对地市政府和县级政府的行为激励及达成的利益一致性,进而完成理论机制的梳理,图3.2给出了大致的逻辑框架。

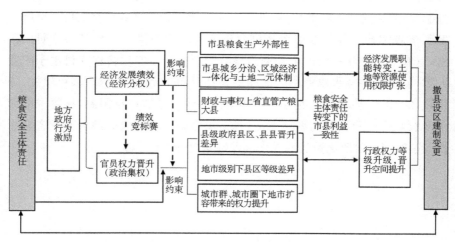

图3.2　利益激励的理论机理

粮食安全主体责任相较于城市化建设而言,对地市政府和县级政府经济发展绩效的贡献较弱,使得两级政府在撤县设区这一服务于城市化建设的建制变更达成上,具有经济利益的一致性:

从实行分税制的背景来看,地方政府在环境保护、医疗教育、公共服务等的供给方面,存在财权与事权上不对等、不匹配的问题(储德银,邵娇,

---

① 一定程度上,GDP等显性指标也更容易被中央政府所量化与比较。

2018），由此进一步加剧了地方政府的财政压力，刺激了政绩驱动的发展模式。然而，粮食生产天然的弱质性与外部性特征，使其相较于城市化建设而言，对财政收入提高与经济增长的贡献或者说直接推动作用较小，而且政绩凸显较弱（崔宁波，董晋，2020）。因此，地方政府从事粮食生产、履行粮食安全主体责任的激励一般明显不足于城市化建设等经济性活动。换言之，本书想表达的实际上是一种相对的观点，即粮食生产相较于城市化建设而言，对经济发展绩效的作用进而对地方政府的激励均相对更弱。

无论是对于县级政府还是地市政府，由于粮食生产具有典型的正向外部性（王跃梅等，2013），使得粮食安全主体责任越重，市县两级政府放弃非农生产的机会成本也就越大，因而越有激励通过撤县设区弱化各自的粮食安全主体责任，以更好追求经济增长。粮食安全主体责任越重的县，更是直接与"财政弱县、经济穷县"相挂钩，虽然省级政府和国家为了增强县域经济发展活力，尤其是针对承担更高粮食安全主体责任的产粮大县进行财政转移支付和奖励以及要求在财政和事权上全部纳入省直管县改革①。但是，一方面，与损失的非农收益相比，基于农业产量设计的财政转移支付和奖励力度②，很难弥补个体收益与个体机会成本之间的差值。甚至有部分研究指出，以农业生产和税费改革补助为核心的新增财政专项转移支付由于配置失效，使得主要从事农业生产的经济弱县反而不是最大受益者（卢洪友，陈思霞，2012）。县域得到的专项转移支付用途更是被严格限制，被要求继续用于农业生产及相关的事项支出，且要求资金配套③，农业综合开发资金总投入中的地方财政比重长期以来也保持着上升态势（见图3.3）。

---

① 2009年中央一号文件和《财政部关于推进省直接管理县财政改革的意见》明确要求"推进省直接管理县（市）财政体制改革，将粮食、油料、棉花和生猪生产大县全部纳入改革范围"。

② Zhang等（2019）的研究发现，这种基于粮食产量的财政分配和奖励规则，也增加了县级政府操纵产量报告数据的激励。

③ 参见财政部《关于产粮大县奖励资金绩效评价的指导意见》《产粮（油）大县奖励资金管理暂行办法》等文件。其中，配套资金的要求直到2014年中央一号文件发布之后才被逐渐取消。

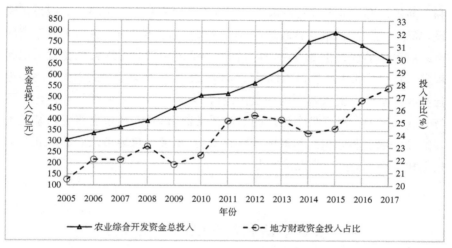

图3.3 农业综合开发中的地方政府财政资金配套投入情况

数据来源:《中国财政统计年鉴—2020》。

　　另一方面,省直管县改革的初衷是减少行政层级,避免地市政府对县在财政上的干预与截留,但这种对产粮大县全部囊括的制度设计,其实是将产粮大县的财政困难很大程度上归咎于"市管县"的财政体制,而忽视了农业大县财政困难的首要原因是事权支出与财权收入的不对等,为此省直管县并没有弱化产粮大县的任何粮食安全主体责任,反而由于直管的目的性强化了对象的粮食安全主体责任属性。此外,省直管产粮大县的实行结果,在弱化市县管理体制的同时,反而容易将原先产粮大县与地市政府间的行政壁垒转化为省内的县与县之间的行政壁垒(Luo等,2014),经济活动行政空间的缩小,反而使得经济活动的竞争越来越激烈。最后,改革同样不仅存在抑制城市规模的扩大(才国伟等,2011),也加剧了地市政府与直管县之间的冲突博弈[①],刺激了地市政府为满足当前高速城市化和为后续发展留下足够土地等资源,保持对周边县市强势地位而兼并产粮大县将之变为市辖区的冲动。徐现祥等(2007)的官员晋升博弈模型表明,当地方政府官员的努力具有正外部性或正溢出效应时,地方政府官员会理性地选择区域一体化,从而将正溢出效应内部化,获得更快经济增长及更高晋升可能性。

　　因此,综合而言,一旦承担粮食安全主体责任的县进行撤县设区,将有

---

①　其实在扩权强县的改革当中,由于方案的制定仍然需要地市政府的参与,而使得涉及较高利益的管理权限依旧被地市政府截留,大部分地区远远没有达到省直管县改革之初要求的"除规划管理、重要资源配置、重大社会事务管理等经济社会管理事项外,赋予直管县与设区市同等的经济社会管理权限"的程度。

利于县级政府和地市政府追求相对粮食生产更有利于经济增长的城市化建设,降低外部性①。市县行政边界和二元城乡边界的打破,也将大大扩充地市政府可控的优良土地资源,省去复杂的征地和农业用地转变建设用地的程序②,直接扩张中心城市的规模(Luo等,2014)。行政壁垒的消失也将促进社会经济资源在更大范围内的自由流通,有利于增强区域经济一体化程度(Young,2000)。对于粮食生产的财政弱县而言,并入地市也将可以享受更多的经济辐射和来自地市的财政转移支付,承接来自地市政府的产业布局规划和转移③,提升自身经济实力。

第二节 政治利益激励的一致性分析

与土地资源整合等经济发展绩效的显性推动不同,政治权力、行政权力扩张更多表现为县级行政区划改革的隐性动力,它属于政府机构和官员个体自利性延伸的范畴,是县级行政区划改革的伴生物。各地对于县(市)改区的热潮在一定程度上也源于权力扩张的自利性需求(叶琳等,2020)。根据上文的分析,对承担粮食安全主体责任的县进行撤县设区,有利于经济发展相对绩效的提升,这对各级政府的政治权力晋升具有直接帮助。此外,撤县设区建制调整对政治权益的提升还主要表现在行政级别提升、政治晋升位次前移和管理权限扩大三个方面:

首先,对于县级政府而言,当前我国的市分为三层(直辖市、地级市、县级市)五级(省级、副省级、地级、副地级、县级),此外还有计划单列市,根据层级配置了差异化的经济社会管理权限(匡贞胜,2020;Bulman,2016)。我国副省级城市管理的县只是处级,但一旦从县转为区,便直接变为副厅级,省级城市(直辖市)下属的县改区后更是成为正厅级。如果所属的地市政府为省级、副省级、计划单列市等高行政级别城市,那么主政官员的行政级别

---

① 徐现祥等(2007)的官员晋升博弈模型也表明,面对上级政府根据经济绩效选拔地方政府官员的晋升体制,当地方政府官员的努力具有正外部性或正溢出效应时,地方政府官员会理性地选择区域一体化,从而将正溢出效应内部化。

② 1998年发布的《中华人民共和国土地管理法实施条例》规定,农村集体经济组织全部成员转为城镇居民的,原属于其成员集体所有的土地属于国家所有。这一条也导致了学界对撤县设区导致虚假土地城市化和人口城市化的质疑(杨帅、温铁军,2010;唐为、王媛,2015)。

③ 如重大项目的布局和建设,包括机场、大型汽车站、高铁站等重要的交通枢纽,将带动人口和经济的集聚,促进经济发展。

将提升半级,一般从正处级提升为副厅级。同时,区政府相较于县级政府在晋升位次上也具有优势(Edin,2003;Zuo,2015),如区政府负责人更有可能高配进入地级市的市委常委,而县政府负责人却很难。另外,由于产粮大县要求财政和事权省级直管,但人事管理权限依旧被地市政府持有①,这使得地市政府在提拔人事干部时更有可能倾向于非省级直管的县级政府成员,一定程度上也加剧了产粮大县在人事晋升上的难度。可以说,政治权力的直接提升,对于本处于绩效竞争弱势地位的产粮大县而言,具有相较于地市政府通过撤县设区获取政治权益更大的行为激励。

其次,对于地市政府而言,则是更多通过城市扩容提升在区域经济治理中的地位而获得更大的政治权力资源。撤县设区使得变更的县纳入市辖区范围成为城市区域的组成部分,这对于地市政府获得更高的政治与经济定位是有益的,随着市辖区数量的增加,地市政府行政权力的直接覆盖范围、城市人口规模和经济总量的迅速扩大,将使得该地级市在区域治理中的中心和核心地位逐渐体现,这有利于地市政府在与上级政府的资源分配谈判中赢得政策、资源上的好处②,并且最终会以行政级别提升和行政权扩张的形式加以呈现③。而且这种借行政区划调整追求更大政治权力的想法不仅为下级政府所持有,也可能为上级政府所察知和利用,是一种类同政治晋升的"权力激励"(叶林,杨宇泽,2017;Li,2011)。

在中国现行的分权体制下,地方政府为维护共同利益而进行理性合谋,以偏离中央政府设定的公共利益目标(如空气污染、农地占用、税收征缴等),往往容易变成制度化的非正式行为(聂辉华,张雨潇,2015;范子英,田彬彬,2016;郭峰,石庆玲,2017)。经过上述的理论分析可以得知,以经济指标为主的绩效考核体系和同级竞争的政治晋升机制,加之撤县设区现行的制度安排特征,这些成为地市政府和县级政府借助撤县设区建制变更,以合谋追求相对粮食生产更有利于经济利益与政治权益的城市化建设的内在动力和制度基础。

---

① 县级党委、人大、政府、政协四套班子的领导由市级党委和组织部门考察、任用、调遣和管理,即县的副处级以上领导干部实行的是市管干部的制度。

② 作为正反馈,中心城市又可以继续凭借更高的行政级别和行政权力获得更多经济社会发展资源。

第三节　经验证据:粮食安全主体责任、粮食生产与发展绩效

一、研究设计

(一)粮食安全主体责任影响粮食生产的基准回归模型与变量说明

要识别粮食安全主体责任对经济发展、权利晋升的潜在影响,则首先需要评估这种粮食安全主体责任的施加是否给地方政府带来更大的粮食生产激励,即是否带来了粮食的实际增产。为此,本部分首先考察粮食安全主体责任对粮食生产的影响。

由于作为农政区的县实质上均承担粮食生产的安全责任,为此实证分析粮食安全主体责任影响的关键之处在于,识别不同县在责任上的程度差异。国家发改委在2008年11月发布的《全国新增1000亿斤粮食生产能力规划(2009—2020年)》中综合我国粮食生产的产能布局和增产任务,在全国共选定了800个产粮大县(含非行政区划单位的农场)作为保有粮食生产和增产任务的粮食安全主体责任地区。为此,这一政策划定的外生冲击为本文提供了识别县域粮食安全主体责任强度差异的准自然实验。在此基础上,便能通过比较产粮大县与非产粮大县两类县级群体在粮食安全主体责任差异划定前后经济发展和权力晋升的差异,识别出粮食安全主体责任的影响。

模型设计上,遵循已有文献做法(Chen,Lan,2017;Cheng 等,2018;Bentivogli,Mirenda,2017),设定如下基准回归模型:

$$Grain\_Production_{it} = \alpha + \beta \cdot Food_{it} + \varphi \cdot X' + \mu_i + \lambda_t + \varepsilon_{it} \quad (1)$$

式(1)中,i、t分别表示地区和年份,因变量$Grain\_Production_{it}$表示地区i第t年的粮食生产情况,主要以粮食产量刻画。$Food_{it}$表示不同县的粮食安全主体责任情况;X'表示一组控制变量;μ_i表示县级固定效应,以控制县级个体层面不随时间变化的因素,如地理和文化等因素;λ_t表示年份固定效应,用以控制不随县级个体变化但随时间而变的特征,如宏观经济调控、经济周期波动等一些全国性的外部冲击;ε_{it}表示随机误差项。将$Food_{it}$定义为产粮大县在实施此项政策的2009年以及之后取值为1,否则为0。此种定义方式将自动生成对照组和处理组,以及政策实施前后的双重差分项,相当于传统双重差分方法中处理对象和干预时间的交互项(Chen,Lan,2017)。因此,β本身就能直接捕捉粮食安全主体责任的影响。

（二）粮食安全主体责任影响经济发展、权利晋升的基准回归模型与变量说明

考虑到经济发展绩效对于中国政府官员晋升的影响,现有研究中的不同观点主要集中在经济绩效是否对不同级别的官员存在不同影响(Chen,kung,2016;Yao,Zhang,2015;Li,Zhou,2005),但基本更为确信县级官员的晋升和发展绩效直接相关性最高,而在地市和省级政府层面,相较于经济发展绩效,政治的关系网络、忠诚度等其他因素可能更为上级重视(Li 等,2019;Landry 等,2018;Opper,Brehm,2007)。加之,粮食安全主体责任对县级经济发展绩效也更为直接,张五常(2009)更是直接将"中国经济增长奇迹"明确归因于县际竞争。因此,本部分将着重从县级政府层面,考察粮食安全主体责任在经济发展绩效和权力晋升上的影响,以印证前文的理论分析。

模型设计上,仍遵循已有文献做法(Chen,Lan,2017;Cheng 等,2018;Bertivogli,Mirenda,2017),设定如下基准回归模型:

$$Development_{it} = \alpha + \beta \cdot Food_{it} + \varphi \cdot X' + \mu_i + \lambda_t + \varepsilon_{it} \quad (3.1)$$

式(3.1)中,i、t 分别表示地区和年份。因变量 $Development_{it}$ 表示地区 i 第 t 年的经济发展绩效与官员权力晋升情况。参照已有文献的做法(如余泳泽,2020;徐康宁等,2015),本研究采用常住人口城镇化率、行政面积区域户籍人口密度、产业结构升级情况(三产产值与二产产值之比)和夜间灯光亮度作为反映县级地区经济发展绩效情况的代理指标。同时,从上级政府采用的相对绩效考核办法出发(陈硕,2020),通过计算地市内部县级单位夜间灯光亮度在五年内的移动平均增长率排名,构造反映县级官员晋升空间的变量(排名位于后 1/2,赋值为 1;排名位于前 1/2,赋值为 0)。其余变量与参数的解释与上一小节相同,故此处予以省略。

二、数据来源、变量定义与回归结果

（一）数据来源与处理

考虑撤县设区的经验特征以及县级数据的可获性,本书采用样本的时间跨度为 2000—2020 年,并进行如下样本选择:首先,以 2020 年行政区划代码[①]为基准进行面板数据的匹配,剔除时间段内非连续存在(如并入其他县导致建制取消)、行政建制发生拆分(如一个县拆分为两个以上市辖区)、行政区域面积较大变化(如县域面积进行拆分)、行政隶属关系变更(如隶属地市政府的关系变化)、地区升格为地级市而被动变为市辖区、建制为旗(旗级

---

① 来自民政部网站:http://www.mca.gov.cn/article/lxwm/。

建制历史上未发生过撤县设区,也未有任何的产粮大县划定)、直辖市(下属县的行政级别为地市级,不具有可比性)、台港澳、海南(省管县体制)、西藏等特殊情况的县级样本。首先,剔除2000年县级建制类型中为市辖区的县级样本。接着,删除发生撤县设区的县,最终参与模型估计的样本为2000—2020年25个省级单位305个地市单位1705个县级单位,其中含599个产粮大县。

表3.1给出了本部分变量的定义与统计特征。

表3.1　利益激励分析涉及的变量与描述性统计

变量	定义与赋值	观察值	均值	标准差
粮食生产	年粮食产量,对数值	30718	2.890	1.008
粮食安全主体责任	1=产粮大县; 0=非产粮大县	31395	0.246	0.431
降水(0.1毫米)	年降水量,对数值	31363	9.048	0.509
气温(摄氏度)	年平均气温,对数值	31363	2.644	0.357
日照(小时)	年日照时数,对数值	31363	7.577	0.217
农业机械总动力(万千瓦)	年农业机械总动力,对数值	30898	3.304	0.946
化肥施用折纯量(万吨)	年化肥施用折纯量,对数值	30299	1.030	0.599
城镇化率	人口城镇化率,对数值	9828	2.985	0.592
人口密度(万人/平方公里)	行政面积区域户籍人口密度,对数值	24717	0.295	0.029
产业结构升级(%)	100×(三产产值/二产产值),对数值	30729	0.687	0.340
夜间灯光亮度	夜间灯光强度均值,对数值	31395	0.192	0.328
相对绩效排名是否位于后1/2	1=排名位于后1/2; 0=排名位于前1/2	31295	0.412	0.340

注:上述控制变量均滞后一期。

(二)回归结果

粮食安全主体责任对粮食产量影响的回归结果见表3.2,但考虑到粮食安全主体责任从施加到严格落实可能存在一定的时滞性,加之粮食生产本身对于政策的反应也存在着滞后性(张琛,孔祥智,2017),因此为了稳健起见,我们不仅汇报了粮食安全主体责任对当年粮食产量的影响,也在第(2)列中进一步将因变量替换为三年内粮食产量均值进行考察与对照。估计结果显示,撤县设区的回归系数均在1%的水平上显著为正,这表明地方政府的粮食安全主体责任的确达到了提高粮食产量的目的。

表3.2　粮食安全主体责任影响粮食生产的回归结果

	当年粮食产量 （1）	三年内粮食产量均值 （2）
粮食安全主体责任	9.0197*** （1.3046）	9.9128*** （1.3802）
县级控制变量	√	√
地市控制变量	√	√
年份固定效应	√	√
县级固定效应	√	√
常数	√	√
R2	0.9513	0.9565
观测值	27755	27909

注：括号内为聚类到地市层面的稳健标准误，*、**和***分别代表10%、5%和1%的显著性水平。符号"√"表示对应变量在模型中予以控制。本章后文模型回归表格中如无特殊说明，与此处相同。

在此基础上，笔者进一步汇报了粮食安全主体责任对经济发展绩效、权力晋升空间影响的估计结果（见表3.3）。从估计系数可以发现，粮食安全主体责任对经济发展绩效与政治权力晋升的影响至少在5%的水平上显著为负。换言之，粮食安全主体责任对粮食产量的促进作用，实际上是以牺牲承担单位经济发展绩效为代价的，并间接影响了权力晋升的可能空间。显然，这与我们的理论预期相一致。

表3.3　粮食安全主体责任影响经济发展绩效、权力晋升空间的回归结果

	城镇 化率 （1）	人口 密度 （2）	产业结构 升级 （3）	夜间灯光亮度 （4）	相对绩效排名 是否位于后1/2 （5）
粮食安全 主体责任	−1.1436** （0.4727）	−0.0017*** （0.0007）	−0.0945** （0.0433）	−0.053*** （0.0087）	0.0256** （0.0139）
县级控制变量	√	√	√	√	√
地市控制变量	√	√	√	√	√
年份固定效应	√	√	√	√	√
县级固定效应	√	√	√	√	√
常数	√	√	√	√	√
R2	0.7925	0.9661	0.6241	0.8431	0.1077
观测值	9398	23133	28497	28499	26189

第四节　本章小结

嵌入机制的制度空间是否会被市县两级地方政府所共同利用,取决于两级地方政府在借助撤县设区转变或弱化粮食安全主体责任上是否拥有共同的利益激励。本章在上一章对制度空间进行分析的基础上,重点基于中国式的分权体制背景,分别从发展绩效的经济利益和权力晋升的政治利益两方面入手,分析地市政府和县级政府借助撤县设区转变粮食安全主体责任的利益激励及其一致性,从而考察前文中的制度空间究竟是否会被市县两级地方政府所共同利用。在经验层面,利用2000—2020年1705个县级单位的面板数据,首先评估粮食安全主体责任对地方政府粮食生产的影响,考察粮食安全主体责任的施加是否确实带来了当地粮食增产,在此基础上进一步识别粮食安全主体责任对经济发展、权利晋升的潜在影响。

研究发现:地方政府的粮食安全主体责任的确达到了提高粮食产量、稳定粮食供给的目的,但是粮食安全主体责任对粮食产量的这一促进作用,一定程度上是以牺牲承担单位潜在经济发展绩效为代价的,并间接影响了权力晋升的可能空间。由此可以得知,在中国式分权体制背景下,地市政府和县级政府不仅拥有借助撤县设区弱化粮食安全主体责任的制度空间,也同样具有借助撤县设区弱化粮食生产、推动城市建设的共同利益激励。

第四章　嵌入的证据：粮食安全主体责任对撤县设区的影响

——制度空间与利益激励下的嵌入发生

根据前述分析,地方政府存在借助建制变更转变粮食安全主体责任的制度空间,与此同时,在中国式的分权体制背景下,地市政府和县级政府均有借助县级政区建制变更(县的农政区变为市辖区的城镇区),以弱化甚至摆脱不利于经济发展绩效和权力晋升的粮食安全主体责任的行为激励。于是,制度空间上的可能性与建制变更上的利益一致性便使得承担更大粮食安全主体责任的县与撤县设区的概率之间具有潜在的正向关系。为此,本章将着重探究粮食安全主体责任对地方政府撤县设区概率的影响,以进一步提供"嵌入"得以发生的证据。

第一节　研究设计:国定产粮大县划定的外生冲击

由于作为农政区的县实质上均承担粮食生产的安全责任,为此实证分析粮食安全主体责任影响撤县设区的关键之处在于,识别不同县在粮食安全主体责任上的程度差异。国家发改委在2008年11月发布的《全国新增1000亿斤粮食生产能力规划(2009—2020年)》中综合我国粮食生产的产能布局和增产任务,在全国共选定了800个产粮大县(含非行政区划单位的农场)作为保有粮食生产和增产任务的粮食安全主体责任地区。为此,这一政策划定的外生冲击为本文提供了识别县域粮食安全生产责任强度差异的准自然实验。在此基础上,笔者便能通过成熟的双重差分法(Differences-in-Differences),比较产粮大县与非产粮大县两类县级群体在粮食安全主体责任差异划定前后撤县设区概率的差异,识别出粮食安全主体责任影响撤县设区的平均处理效应。

一、模型设计

遵循已有文献的标准做法(Chen,Lan,2017;Cheng等,2018;Bentivo - gli,Mirenda,2017),设定如下基准回归模型:

$$Y_{it} = \alpha + \beta \cdot treat_i \cdot post_t + \varphi \cdot X' + \mu_i + \lambda_t + \varepsilon_{it} \qquad (4.1)$$

与此同时,为考察产业结构在粮食生产责任对地方政府撤县设区影响中的调节作用,进一步构建如下调节效应模型(4.2):

$$Y_{it} = \alpha + \beta \cdot treat_i \cdot post_t + \gamma \cdot indstr_{it} + \eta \cdot treat_i \cdot post_t \cdot indstr_{it} + \varphi \cdot X' + \mu_i + \lambda_t + \varepsilon_{it} \qquad (4.2)$$

其中,i、t分别表示县和年份,因变量Y_{it}表示是否撤县设区;$treat_i \cdot post_t$表示不同县的粮食安全主体责任情况状态;X'表示一组控制变量;μ_i表示县级固定效应,以控制县级个体层面不随时间变化的因素,如地理和文化等因素;λ_t表示年份固定效应,用以控制不随县级个体变化但随时间而变的特征,如宏观经济调控、经济周期波动等一些全国性的外部冲击;ε_{it}表示随机误差项。将$treat_i \cdot post_t$定义为产粮大县在实施此项政策的2009年及之后取值为1,否则为0。此种定义方式将自动生成对照组和处理组,以及政策实施前后的双重差分项,相当于传统双重差分方法中处理对象和干预时间的交互项(Chen,Lan,2017)。因此,β本身就能直接捕捉粮食安全主体责任对撤县设区的处理效应,是本文最关心的核心估计系数。调节变量$indstr_{it}$表示产业结构情况,以交互项$treat_i \cdot post_t \cdot indstr_{it}$系数$\eta$的显著性检验调节作用是否存在。

在估计方法上,本书根据Angrist和Pischke(2010)的建议,并借鉴Nunn(2008)与Albornoz、García Lembergman(2016)和Landry等(2018)的做法,采用线性概率模型(LPM)进行模型估计。此外,为更加符合实际(同一地市政府内部的县在随机误差项存在相关性,而隶属不同地市政府的县之间的随机误差项彼此不相关),文中所有模型均采用聚类到地市政府层面的稳健标准误。

二、变量定义

1. 因变量:撤县设区。发生撤县设区赋值为1,未发生赋值为0。数据来源于民政部全国行政区划信息查询平台公布的历年县级以上行政区划变更情况,并对文本进行手工整理。在按照上文处理办法得到的样本中,2000—2020年间共有145个县级单位发生了撤县设区建制变更,其中产粮大县撤县设区数为63个。图4.1显示出,在2009年划定前后无论是产粮大县群体占历年撤县设区数的比率还是两个时间段上占比的均值变化,均显示在受到产粮大县划定的外生冲击后,撤县设区的概率得到了显著提升。图4.2撤县设区累计率更是直观显示出2009年前后显著的差异,并且直观上符合双重差分事前平行趋势假定。

2. 核心自变量:粮食生产责任。本文主要以产粮大县与否刻画粮食生产责任程度的差异,并且通过比较产粮大县群体与非产粮大县群体在划定前后撤县设区概率的变化识别处理效应。产粮大县名单来自《全国新增1000亿斤粮食生产能力规划(2009—2020年)》。图4.1和图4.2显示了产粮大县在受到2009年划定的外生冲击前后撤县设区概率的前后变化,直观上也较为符合双重差分的事前平行趋势假定。

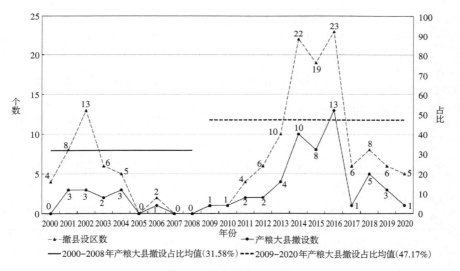

图4.1　历年撤县设区数

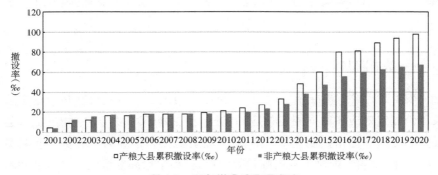

图4.2　历年撤县设区累积率

除上述变量外,为解决可能存在的遗漏变量问题,本书还在模型中控制了反映县级和地市经济发展水平的产业结构、财政压力和所在地区经济地位等变量,为进一步控制内生性问题,控制变量均滞后一期和取对数形式放入模型在模型中。基准模型涉及的控制变量描述性统计具体如表4.1所示。

表4.1 嵌入证据分析涉及的部分变量定义与描述性统计

变量	定义与赋值	均值	标准差	最小值	最大值
撤县设区	1=是,0=否	0.032	0.168	0	1
粮食安全主体责任	1=产粮大县;0=非产粮大县	0.357	0.453	0	1
县级产业结构(%)	100×(县级二、三产业增加值/GDP)	78.52	13.19	20.95	99.66
县级财政压力	(一般财政预算支出-一般财政预算收入)/一般财政预算收入	4.815	6.629	0	152.1
县占所在地级市的GDP比重(%)	100×(县级GDP/地级市GDP)	10.45	8.028	0.334	77.09
地级市产业结构(%)	100×(地级市二、三产业增加值/GDP)	84.09	9.254	31.33	99.98
地级市财政压力	(一般财政预算支出-一般财政预算收入)/一般财政预算收入	2.568	3.386	0.001	134.8
地级市占所在省份的GDP比重(%)	100×(地级市GDP/省GDP)	8.057	6.621	0.527	57.73

注:控制变量均加1取对数放入模型,且滞后一期。

第二节 粮食安全主体责任对撤县设区的直接影响及其动态效应

一、基准回归

表4.2汇报了基准模型(4.1)式的估计结果。列(1)至列(4)中逐步加入年份固定效应和时间固定效应,并进一步在列(5)和列(6)中相继加入县级控制变量和地市控制变量之后,模型估计结果依旧显著且系数只有略微程度变化,说明当控制了双向固定效应后,模型中遗漏变量的问题可能并不严重。为此,此处采用列(6)的估计结果作为基准模型估计结果的解释依

据,结果表明,与对照组相比,粮食安全主体责任的施加即产粮大县的划定在99%的置信水平上正向提高了撤县设区的概率,且在经济意义上提高了相当于均值水平的16.62%(=0.0142×0.357/0.0305),可见在统计学和经济学意义上估计结果均具有较高的显著性。可以说初步验证了粮食安全主体影响撤县设区,即嵌入机制的理论分析。

表4.2　粮食安全主体责任影响撤县设区的基准回归结果

	撤县设区					
	(1)	(2)	(3)	(4)	(5)	(6)
粮食安全主体责任	0.0293***	0.0136	0.0436***	0.0147**	0.0142**	0.0142**
	(0.0087)	(0.0105)	(0.0058)	(0.0070)	(0.0064)	(0.0065)
县级控制变量	—	—	—	—	√	√
地级控制变量	—	—	—	—	—	√
年份固定效应	—	√	—	√	√	√
县级固定效应	—	—	√	√	√	√
常数	0.0268***	0.0300***	0.0239***	0.0298***	0.1818***	82.1527***
	(0.0043)	(0.0048)	(0.0012)	(0.0014)	(0.0611)	(24.7283)
R2	0.0044	0.0196	0.5914	0.6054	0.6259	0.6289
观测值	38850	38850	38850	38850	36317	36029

　　注:括号内为聚类到地市层面的稳健标准误,*、**和***分别代表10%、5%和1%的显著性水平。符号"√"表示对应变量在模型中予以控制。本章后文模型回归表格中如无特殊说明,与此处相同。

二、动态效应分析

　　运用双重差分估计方法能否得出真实因果处理效应的重要前提条件是,在政策执行之前,产粮大县划定地区与非划定地区之间的撤县设区概率趋势不存在系统性差异,或者存在差异,差异也是固定的,即需要符合平行趋势假设。为了检验趋势是否成立,参考已有文献的标准做法(Moser,Voena,2012),采用事件分析法进行检验,并将模型(4.1)式改写如下:

$$Y_{it} = \alpha + \beta_t \cdot treat_i \cdot \sum_{t=2000, t\neq2008}^{2020} d_t + \varphi \cdot X' + \mu_i + \lambda_i + \varepsilon_{it} \quad (4.3)$$

　　在模型(4.3)式中,因变量和控制变量与模型(4.1)式的相同。其中,$treat_i \cdot \sum_{t=2000, t\neq2008}^{2020} d_t$为产粮大县地区虚拟变量(实施地区,则$treat_i$=1;非实施地区,$treat_i$=0)与年份虚拟变量(如当$t$=2020时,$d_{2020}$=1;反之,$d_{2020}$=0)的交互项。

检验的基本思路是:如果在控制了诸多因素之后,撤县设区概率的提升源于粮食安全生产责任的施加,则在产粮大县划定之前处理组和对照组在撤县设区概率的变动趋势上不会显著变化。换言之,如果平行趋势假设满足,则2009年政策实施之前的β_t不应显著。此外,相较于模型(4.1)仅估计了粮食安全主体责任影响撤县设区的平均处理效应,通过将政策干预时点后移,便可以同时利用估计系数β_t捕捉政策干预后各年份处理效应的动态变化。此外,为避免虚拟变量的多重共线性,参照标准做法以政策实施前一年为基准组,因此,模型(4.3)式中并无d_{2008}这个虚拟变量。

为更加直观地观察平行趋势的假设检验以及动态效应,图4.3中绘制了β_t的估计系数及其90%的置信区间,可以看出产粮大县划定之前所有交互项的系数均无法在10%的显著性水平上拒绝等于零的原假设,表明产粮大县地区的撤县设区概率和非产粮大县地区的撤县设区概率在2009年划定之前没有显著差别。同时,本文也对各时点β_t的估计系数进行了联合假设检验,结果如表4.3所示,同样表明政策实施前各时点β_t联合不显著。于是,综合来看,本文双重差分估计符合共同趋势假定,前述对模型(4.1)的估计结果较为可信,进一步佐证了假说1的内容。

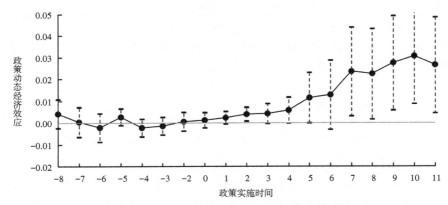

图4.3　粮食安全主体责任影响撤县设区的平行趋势检验与动态效应示意图

表4.3　粮食安全主体责任影响撤县设区的分时段政策显著性的
联合假设检验

时段范围	原假设	撤县设区	
		F统计量	P值
产粮大县划定干预前:2000—2008	估计系数联合为0	0.41	0.9523
产粮大县划定干预后:2009—2020	估计系数联合为0	99.82	0.0000

第三节 稳健性检验:排除可能存在的担忧

理论上,即使在2009年干预之前,产粮大县划定地区与非划定地区满足共同趋势假定,划定干预之后,也难以保证二者仍然具有共同趋势。换言之,事前的共同趋势检验依旧只具有间接意义。为此,在这一部分中,我们将从排除可能存在的担忧入手,展开系列稳健性检验,以进一步增加基准回归的可信度,并加深对文章主题的理解。

一、随机因素的影响:安慰剂检验

对上文平行趋势检验的一个担忧在于,基准回归中的显著影响是否受到了其他随机因素的影响。为此,参考Chetty等(2009)的做法,随机选择产粮大县划定地区进行安慰剂检验。具体地,随机选择663个县作为产粮大县划定的地区,使用模型(4.1)式进行双重差分估计。同时,为保证统计学意义,对随机抽样过程重复进行1000次模拟,图4.4分别绘制了随机选择样本的处理效应估计值及其统计显著性的各自分布情况。1000次模拟的估计结果显示,政策处理效应的回归系数分布在0附近,均值是0.0001532,显著小于本文基准估计系数的0.0142。并且从P值来看,在1000次随机模拟中,大于0.0142的估计系数只有3个且P值小于0.1,换言之,本文基准估计结具在99.97%(1-3/1000)的概率上是可信的。

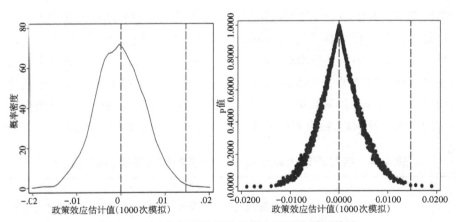

图4.4 考虑随机因素影响的嵌入证据安慰剂检验

二、产粮大县的空间分布：与所在城市的距离

由于在地市政府城市扩容中首先是距离较近的县域更有可能纳入市辖区的管辖范围，因此，如果产粮大县恰巧由于在空间上的分布位于城市周边，且比非产粮大县拥有综合优势，那么在经验层面一旦地市政府拥有城市中心扩容的需求，产粮大县似乎就有可能显示出比非产粮大县更高程度的撤县设区概率，从而带来估计偏误。然而，一方面由于我们在估计模型中控制了县级的个体固定效应，实际上已经控制了空间距离的影响，另一方面如果距离优势真的导致了粮食安全主体责任即产粮大县划定的虚假效应，那么在双重差分方法下也应该不显著才更合理，因为地理上的距离分布相对于县而言严格外生给定，产粮大县的划定并不会带来距离的任何变化，换言之，产粮大县在2009年被划定前后，距离的影响不会有差异。

因此，对产粮大县距离的担忧并不会构成对本文基准结果的影响。但为进一步提供严谨的证据，我们根据地市政府和县级政府的经纬度位置数据，首先计算了县距离所在地级城市中心的质心距离，然后再以地市政府为单位，计算每个地市政府辖区内产粮大县和非产粮大县各自的平均距离，进而对样本在空间距离上进行以下多种方式的重新组合：

（1）组合一，删除在地市内部产粮大县平均距离小于非产粮大县平均距离的地市样本；（2）组合二，删除每一地市内部大于该地市所辖县平均距离的县级样本；（3）组合三，删除产粮大县中小于所在地市内部所辖县平均距离和非产粮大县中大于所在地市内部所辖县平均距离的样本；（4）组合四，删除产粮大县中小于发生县改区产粮大县平均距离和非产粮大县中大于发生县改区非产粮大县平均距离的样本；（5）组合五，删除产粮大县中小于发生县改区非产粮大县平均距离的产粮大县样本和删除非产粮大县中大于发生县改区产粮大县平均距离的非产粮大县样本。在对上述组合进行模型（4.1）式的估计后，从表4.4可以发现，在采用多种方式进一步控制和剔除空间距离的影响后，粮食安全主体责任对撤县设区的概率依旧显著。

表4.4　排除产粮大县空间分布担忧的嵌入证据稳健性检验

| | 撤县设区 | | | | |
| | 距离组合1 | 距离组合2 | 距离组合3 | 距离组合4 | 距离组合5 |
	(1)	(2)	(3)	(4)	(5)
粮食安全	0.014***	0.031***	0.013***	0.012***	0.013***
主体责任	(0.003)	(0.004)	(0.003)	(0.003)	(0.003)

	撤县设区				
	距离组合1	距离组合2	距离组合3	距离组合4	距离组合5
	(1)	(2)	(3)	(4)	(5)
县级控制变量	√	√	√	√	√
地级控制变量	√	√	√	√	√
年份固定效应	√	√	√	√	√
县级固定效应	√	√	√	√	√
常数	√	√	√	√	√
R2	0.651	0.644	0.666	0.593	0.624
观测值	28438	16172	22847	31117	33980

三、撤县设区的建制变更数量与县级政区结构

　　另一可能对基准估计结果构成的担忧在于,2009年产粮大县划定之后,如果地市需要变更的县级政区数远大于所辖的非产粮大县数,或者产粮大县在所属的地市政府县级政区数量的结构中占有多数比例,由此使得地市政府"不得不"更多地撤设产粮大县,进而导致伪回归的结果。在本文收集的样本中,以地级为单位,2008年为基准计算的产粮大县数占比均值只有34.67%,可见与总体样本均值反映的情况相一致35.84%(=663/1850),相较于撤县设区的总数和产粮大县数,非产粮大县无论在绝对数量还是政区数量的结构上均具有绝对优势。在此事实下,我们相信上述担忧可能并不会带来严重问题。

　　同样,为提供严谨证据,我们进一步计算了每年地市政府内部的县级政区结构(不计算市辖区),并以此与地市政府每年内部的撤县设区数结合,对模型和样本进行重新设计:(1)变更1,在模型中纳入上一年地市内部产粮大县占比的控制变量;(2)变更2,删除地市内部产粮大县占比超过50%的地级样本;(3)变更3,删除上一年非产粮大县数小于当年县改区数量的地市样本;(4)变更4,在变更3中进一步控制上一年产粮大县占比;(5)变更5,进一步加大限制,仅保留上一年非产粮大县大于当年2倍县改区数量的地市样本;(6)变更6,在变更5中也进一步控制上一年产粮大县占比。在对上述组合进行模型(1)式的估计后,从表4.5可以发现,在采用多种方式控制建制变更数量与县级政区结构影响后[①],粮食安全主体责任对撤县设区的概率依

---

　　① 笔者也将表4.4的处理与表4.5的处理相结合进行了估计,结果也显示基准结果较为稳健,限于篇幅结果未加以汇报。

旧显著。

**表4.5　考虑撤县设区建制变更数量与县级政区结构的
嵌入证据稳健性检验**

	撤县设区					
	变更1 （1）	变更2 （2）	变更3 （3）	变更4 （4）	变更5 （5）	变更6 （6）
粮食安全主体 责任	0.0157*** （0.0027）	0.0139*** （0.0036）	0.0157*** （0.0030）	0.0147*** （0.0030）	0.0148*** （0.0030）	0.0137*** （0.0030）
ln产粮大县占比	√	√	—	√	—	√
县级控制变量	√	√	√	√	√	√
地级控制变量	√	√	√	√	√	√
年份固定效应	√	√	√	√	√	√
县级固定效应	√	√	√	√	√	√
常数项	√	√	√	√	√	√
R2	0.6397	0.6852	0.6447	0.6452	0.6460	0.6465
观测值	31682	22621	25624	25624	25568	25568

四、产粮大县划定的政策外溢与空间相关性

双重差分法中的一个经典假设是个体的处理与否不会影响其他个体，本文中的另一担忧便源于此。如果产粮大县划定的地区受到处理之后，对照组非产粮大县原有的粮食安全主体责任发生变化，则预示着存在了政策划定的空间溢出效应。但对于本书而言，一方面从收集到的政策文本和公开报道来看，并没有确信的证据表明存在这种外溢性。另一方面，如果存在外溢，这种外溢效应更大概率上也是导致基准模型估计结果的偏低，因为对于某一地市政府而言，一旦辖区内某些县被划为产粮大县并赋予了粮食增产的任务要求，在地市政府和县级政府对提高粮食产量缺乏有效激励的背景下，非产粮大县也更应该是弱化粮食生产才更合理，显然对于效应评估而言，这种效应带来的低估并不会在基准结论的显著性和影响方向的判断上造成影响[1]。此外，我们在基准模型中对标准误的处理也是采用了更为稳妥和安全的做法，将聚类维度置于地市政府层面，以应对同一地市政府内部不

---

[1]　当出现遗漏变量偏误时，内生变量的估计值到底是高估还是低估，取决于遗漏变量对被解释变量的影响到底是正还是负，以及遗漏变量和内生变量之间是正相关还是负相关。如果遗漏变量和内生变量之间的相关性与遗漏变量和被解释变量之间的相关性方向一致，则会使得结果被高估，反之则会使得结果被低估。

同县级个体之间可能存在的相关性问题。

为进一步提供严谨证据,本文首先剔除产粮大县所在地市内的非产粮大县,即限定处理组和对照组不在同一地市政府内部,如此便截断了地市内部产粮大县与非产粮大县发生政策关系的可能渠道,进而重新对模型(1)式进行双重差分估计,表4.6中列(1)结果所示,在剔除了外溢可能性之后,模型估计结果无论在显著性还是影响方向上均未发生明显变化[①]。此外,考虑到距离产粮大县越远的样本可能受到的外溢冲击影响越小,本文也放松外溢只限于地市内部的假定,通过计算全样本中每一非产粮大县距离最近产粮大县的距离,并删除小于其中均值距离(132.55公里)的非产粮大县样本进行了估计[②],列(2)结果所示依旧显著。

另外,在影响估计有效性的标准误上,本文也进一步采用经典文献所使用的通过空间坐标信息调整模型稳健标准误的方法考虑空间相关性(Conley,1999;Colella等,2019),并将县与县之间具有相关性的距离阈值依次分别设定为50公里、100公里和150公里,相应估计结果如表4.6中的(3)、(4)、(5)列所示,相较于基准回归,虽然标准误略有变大,但粮食安全主体责任的施加即产粮大县的划定依旧在99%的置信水平上正向提高了撤县设区的概率。综上可见,在本书中产粮大县划定的政策外溢与空间相关性并不会构成实际的严重影响。

**表4.6 考虑产粮大县划定的政策外溢与空间相关性的
嵌入证据稳健性检验**

	撤县设区				
	冲击外溢性		空间相关性稳健标准误		
	删除产粮大县所在地市内的非产粮大县	删除距离最近产粮大县小于均值132.55公里的非产粮大县样本	50公里阈值	100公里阈值	150公里阈值
	(1)	(2)	(3)	(4)	(5)
粮食安全主体责任	0.017*** (0.003)	0.015*** (0.003)	0.015*** (0.003)	0.015*** (0.003)	0.015*** (0.005)

① 我们也通过样本重新组合(首先删除产粮大县,再将产粮大县所在地市内的非产粮大县重新赋值为1,不含产粮大县地市内的非产粮大县依旧赋值为0),估测了产粮大县划定对其他非产粮大县粮食生产的影响,与理论预期相一致,影响为负,但估计结果并不显著。限于篇幅并未汇报,如有兴趣可向作者索取。

② 我们也对最近距离进行了缩尾排除异常值、设定删除门槛值为150公里和200公里等其他处理方式,结果均依旧显著,限于篇幅并未汇报。

	撤县设区				
	冲击外溢性		空间相关性稳健标准误		
	删除产粮大县所在地市内的非产粮大县	删除距离最近产粮大县小于均值132.55公里的非产粮大县样本	50公里阈值	100公里阈值	150公里阈值
	(1)	(2)	(3)	(4)	(5)
县级控制变量	√	√	√	√	√
地级控制变量	√	√	√	√	√
年份固定效应	√	√	√	√	√
县级固定效应	√	√	√	√	√
常数	√	√	√	√	√
R2	0.623	0.634	0.005	0.005	0.005
观测值	28063	26530	36029	36029	36029

最后笔者也进行了其他稳健性检验:(1)限定地市内最多只能发生一次撤县设区;(2)限定地市内最多只能发生撤县设区这一种类型的区划变更;(3)县级政区类型的考虑上,分别只保留县样本、剔除自治县和只保留县级市样本进行估计;(4)进一步在模型控制地市与年份交互固定效应。如表4.7所示,结果均显示基准回归结果的稳健性。

表4.7 其他嵌入证据的稳健性检验

| | 撤县设区 | | | | | |
| | 最多只发生一次撤县设区的地市样本 | 最多只发生撤县设区一种类型的区划调整 | 县样本 | 剔除自治县 | 县级市样本 | 控制地市与年份交互固定效应 |
	(1)	(2)	(3)	(4)	(5)	(6)
粮食安全主体责任	0.0114***	0.0108***	0.0084***	0.0128***	0.0159**	0.0099**
	(0.0023)	(0.0028)	(0.0028)	(0.0026)	(0.0065)	(0.0040)
县级控制变量	√	√	√	√	√	√
地级控制变量	√	√	√	√	√	√

	撤县设区					
	最多只发生一次撤县设区的地市样本	最多只发生撤县设区一种类型的区划调整	县样本	剔除自治县	县级市样本	控制地市与年份交互固定效应
	(1)	(2)	(3)	(4)	(5)	(6)
年份固定效应	√	√	√	√	√	√
县级固定效应	√	√	√	√	√	√
地级–年份固定效应	——	——	——	——	——	√
常数项	√	√	√	√	√	√
R2	0.6446	0.6299	0.3608	0.6291	0.3874	0.6992
观测值	32607	30480	26521	33958	6451	35749

五、拓展性探讨：产业结构的调节作用

根据上文的分析可以得知，在中国式的分权体制背景下，粮食生产责任与经济发展之间的关联与冲突使得承担更多责任的地区可能更有激励进行撤县设区。从根本上来看，这主要是由于粮食生产与经济发展在土地、劳动力、资本等生产要素资源占用上存在明显的冲突与竞合关系。然而，这一冲突与竞合关系理论上在经济的不同发展阶段存在差异，尤其是在经济发展的初始粗放阶段，亦即产业结构偏重于工业化、缺乏协调化的要素争夺时期，粮食生产责任这一农业职能的承担对地方政府进行撤县设区建制变更的激励作用相对更强，而当产业结构趋于服务化、协调化的优化升级阶段，资源要素在各经济部门之间的分配效率极大提高，其间的冲突与竞合关系也会不断弱化，那么此时粮食生产责任对地方政府撤县设区的正向影响极有可能得以减弱。

为此，笔者进一步推测：粮食生产责任对地方政府撤县设区概率的提升作用受到产业结构的调节影响。为考察这一调节效应的存在，本部分首先借鉴袁航和朱承亮（2018）、干春晖等（2011）等对产业结构的研究，一方面采用第三产业增加值与第二产业增加值的比值来表征地区产业结构高级化水平，另一方面以三次产业间从业人员数与产值比例测度的泰尔指数的相反数，衡量地区产业结构合理化水平。最终将两个指标作为共同刻画地区产业结构优化情况的调节变量纳入模型(2)进行估计。

表4.8中第(1)~(6)列的估计结果显示,粮食生产责任对撤县设区概率的影响始终在1%的水平上显著为正,而反映产业结构优化的产业结构高级化、合理化水平各自与粮食生产责任的交互项系数均显著为负,这表明产业结构优化在上述粮食生产责任的正向影响中起着负向调节作用。换言之,随着产业结构高级化与合理化程度的加深,粮食生产责任对地方政府撤县设区概率的正向影响不断削弱。这一结果与前文理论分析和研究假说相一致,可能是因为随着经济发展阶段由粗放扩张向高质量迈进,产业结构由以传统农业向工业再向服务业为主导的高级化水平过渡,由资源配置低效率向高效率的合理化水平改善,其地区经济发展不再依赖于资源要素的大量、持续扩张,此时地方政府以牺牲农业生产换取经济发展的激励也将得以弱化,从而使得粮食生产责任对地方政府撤县设区概率的正向影响表现出弱化趋势。

表4.8 产业结构的调节作用分析

	撤县设区					
	产业结构高级化调节作用			产业结构合理化调节作用		
	(1)	(2)	(3)	(4)	(5)	(6)
粮食生产责任	0.030***	0.027***	0.026***	0.034***	0.035***	0.041***
	(0.005)	(0.005)	(0.005)	(0.007)	(0.007)	(0.008)
产业结构高级化水平	0.005	0.008**	0.006	—	—	—
	(0.003)	(0.004)	(0.004)			
粮食生产责任×产业结构高级化水平	−0.025***	−0.020***	−0.018***			
	(0.006)	(0.006)	(0.006)			
产业结构合理化水平	—	—	—	−0.052***	−0.054***	−0.052***
				(0.007)	(0.007)	(0.007)
粮食生产责任×产业结构合理化水平	—	—	—	−0.021**	−0.020**	−0.026***
				(0.010)	(0.010)	(0.010)
县级控制变量	—	√	√	—	√	√
地级控制变量	—	—	√	—	—	√
年份固定效应	√	√	√	√	√	√
县级固定效应	√	√	√	√	√	√
常数	0.016***	0.038***	0.062***	0.052***	−0.088	−0.135
	(0.002)	(0.012)	(0.021)	(0.004)	(0.104)	(0.154)

	撤县设区					
	产业结构高级化调节作用			产业结构合理化调节作用		
	(1)	(2)	(3)	(4)	(5)	(6)
R2	0.513	0.497	0.501	0.724	0.718	0.727
观测值	35161	32204	31936	12148	11706	11580

第四节　进一步分析:粮食安全主体责任强度与撤县设区

本部分将首先从划定产粮大县的政策文本内容出发,细化县级粮食安全主体责任的强度差异,并在此基础上进一步考察新增产能目标可能对粮食安全主体责任影响效果的约束作用,最后从粮食安全主体责任影响县级政府发展绩效和地市层面的城市化发展战略角度,考察粮食安全主体责任影响撤县设区的内在机制。

一、粮食增产任务与粮食生产责任强度:政策文本赋值

由于我国始终坚持立足国内实现粮食基本自给的方针,对粮食安全问题的重视也更多在于关注粮食生产能力的保障和提高(钟甫宁,2018)。国家发改委依据《国家粮食安全中长期规划纲要(2008—2020年)》,在2008年底发布的《全国新增1000亿斤粮食生产能力规划(2009—2020年)》同样也主要是基于未来一段时间内全国所需要粮食产量的测算,结合不同地区的原有产能分布(2005—2007年平均数据,如表4.9所示)和增产潜力,在全国划定产粮大县和非产粮大县,分别给予这些地区粮食新增产能的不同任务(见表4.9),从中可以发现无论是否结合不同省份的产销分区设定,国家对产粮大县和非产粮大县增产任务的强调,的确具有显著差异,这为本文进一步细化粮食安全主体责任的强度提供了依据。

表4.9 产粮大县划定的新增产能与原产能分布

单位:亿斤

	新增产能	原有产粮	比重	县级种类综合比重	产销分区	原有产粮占全国比重	占非主产区比重
主产区产粮大县	742	6033	12.3%	11.9%	主产区	75%	
非主产区产粮大县	45	540	8.3%		产销平衡区	19%	76%
非产粮大县	213	3317	6.4%	6.4%	主销区	6%	24%
合计	1000	9890	10.11%				

注:根据《国家粮食安全中长期规划纲要(2008—2020 年)》和《全国新增 1000 亿斤粮食生产能力规划(2009—2020 年)》,并结合国家发改委、原农业部和中国国际工程咨询公司农林水部共同披露的《全国新增 1000 亿斤粮食生产能力研究》计算所得[披露全文见方言(2017)主编的《转型发展期的农业政策研究:粮食卷》]。

在强度的具体测度上,首先结合不同县所属省份的原有产销分区(主产区、产销平衡区、主销区)设定,对粮食安全主体责任差异在原有 0-1 两分法的设定基础上增加三分法、四分法和六分法的类别划分,再以此为基础,分别采用间距数列(间距等差、间距递增、间距递减)和粮食增产冲击(结合分区原产能分布)六种方法进行强度赋值,其中由于在 0-1 的两分法中,赋值方法Ⅰ至Ⅳ的量化结果无差异,故共最终形成 21 种赋值结果,详见表 4.10 所示。

表4.10 粮食安全主体责任的强度量化

类别	内容 (按强度升序排列)	强度赋值方法				增产任务数量冲击 新增占原有产能比重,结合分区原产能分布情况	方法Ⅴ上进一步标准化
		数列					
		间距等差	间距一倍递增	间距一倍递减			
		d=1 标准化					
		Ⅰ	Ⅱ	Ⅲ	Ⅳ	Ⅴ	Ⅵ
二分法	非产粮大县	0				0.064	0.54
	产粮大县	1				0.119	1
三分法	非产粮大县	0、	0、	0、	0、	0.064	0.52
	非主产区产粮大县	1、	0.5、	0.33	0.66	0.083	0.67
	主产区产粮大县	2	1	1、	1、	0.123	1

类别	内容 (按强度升序排列)	间距等差	数列 间距 一倍 递增	间距 一倍 递减	增产任务数量冲击 新增占原 有产能比 重,结合分 区原产能 分布情况	方法V 上进一 步标 准化
		d=1 标准化				
		I	II	III	IV	V	VI
四分法	非主产区非产粮大县	0、	0、	0、	0、	0.016	0.13
	主产区非产粮大县	1、	0.33、	0.16、	0.48、	0.048	0.39
	非主产区产粮大县	2、	0.66、	0.48、	0.8、	0.083	0.67
	主产区产粮大县	3	1	1	1	0.123	1
六分法	主销区非产粮大县	0、	0、	0、	0、	0.012	0.1
	产销平衡区非产粮大县	1、	0.2、	0.06、	0.3、	0.036	0.29
	主产区非产粮大县	2、	0.4、	0.18、	0.54、	0.048	0.39
	主销区产粮大县	3、	0.6、	0.36、	0.72、	0.066	0.54
	产销平衡区产粮大县	4、	0.8、	0.6、	0.84、	0.105	0.85
	主产区产粮大县	5	1	1	1	0.123	1

注:在地区划分类别和赋值方法V的结合上,是结合原有产粮分布进行内在关系的递进。以其中三分法至四分法的测度转变为例,由于在明确的增产任务中(见上表7),三分法中非产粮大县受到的冲击是0.064(=213/3317),由于在转向四分法的测算中非主产区产粮大县和主产区产粮大县的冲击不会发生变化,为此我们便可以进一步将主产区和非主产区原有各自产能的占比情况(对应0.75和0.25)作为权重,对非产粮大县0.064的冲击强度进行分解,分别赋予非主产区非产粮大县和主产区非产粮大县各自0.016(=0.25*0.064)和0.048(=0.75*0.064)的冲击强度。其他类别划分下的递进转化以此类推。

以上述测度为基础,表4.11汇报了强度测度下粮食安全主体责任对撤县设区概率的影响。估计结果表明,无论采用何种具体的强度赋值方法,估计系数影响方向和显著性程度均与基准模型相一致,粮食安全主体责任的政策效果依旧存在。这一结果更加验证了假说的内容。

表4.11 考虑粮食安全主体责任强度的回归结果

变量	撤县设区					
	强度赋值方法 I	强度赋值方法 II	强度赋值方法 III	强度赋值方法 IV	强度赋值方法 V	强度赋值方法 VI
	二分法					
粮食安全主体责任	0.0142**				0.2575**	0.0308**
	(0.0065)				(0.1186)	(0.0142)
	三分法					
粮食安全主体责任	0.0125***	0.0250***	0.0186***	0.0367***	0.3121***	0.0378***
	(0.0026)	(0.0052)	(0.0039)	(0.0077)	(0.0651)	(0.0079)
	四分法					
粮食安全主体责任	0.0047***	0.0141***	0.0143***	0.0130***	0.1325***	0.0163***
	(0.0009)	(0.0028)	(0.0028)	(0.0028)	(0.0265)	(0.0033)
	六分法					
粮食安全主体责任	0.0024***	0.0120***	0.0140***	0.0088**	0.1094***	0.0136***
	(0.0007)	(0.0033)	(0.0029)	(0.0036)	(0.0294)	(0.0036)
县级控制变量	√	√	√	√	√	√
地级控制变量	√	√	√	√	√	√
年份固定效应	√	√	√	√	√	√
县级固定效应	√	√	√	√	√	√
R2	0.6289	0.6289	0.6289	0.6289	0.6289	0.6289
观测值	36029	36029	36029	36029	36029	36029

二、强度测度下的粮食增产目标约束

在上文以增产目标冲击为基础,量化粮食安全主体责任强度并纳入分析之后,本文的另一个问题或者说担忧在于,如果考虑到在撤县设区的样本中,部分县级单位在撤设之前其实便可能已经完成了相应的粮食增产目标,那么这些样本的存在是否会对基准回归结果的稳健性和可信度造成影响。换言之,如果增产目标实现之后该县级单位便彻底"卸下"了相应的粮食生产责任的话,那么,"卸去"的粮食安全主体责任便难以构成该县级单位此后撤设为区的影响因素。根据制度经济学理论,制度或者政策发挥作用的一个重要前提是,该项制度或者政策内化为个体稳定的心理预期(诺斯,

2018)。于是，一旦县级单位在本次粮食安全规划期内被认定为产粮大县，那么由于粮食产能上的地区集中趋势和数量上的棘轮效应，产粮大县及其地市便极有可能预测自身继续承担相应程度甚至更高程度的粮食安全主体责任，为此，笔者认为在理论和经验层面，2009年划定粮食安全主体责任对政府行为激励带来的影响并不是以产能目标在具体某个时期的实现为判定条件，因此该担忧并不构成实质影响。

为更为严谨地回答此疑问，本部分进一步以每个县级单位2005—2007年三年粮食的平均产量为基础，结合县级类别在二分法、三分法、四分法和六分法下的增产任务，计算每个县级单位的目标产能。然后，再将此四种分类方法下计算的产能目标和撤设样本变更前三年实际的粮食平均产量进行比较，以对全部样本做出如下组合：(1)方式一，撤设样本中仅保留未完成增产目标的样本；(2)方式二，撤设样本中仅保留完成增产目标的样本；(3)方式三，撤设样本中仅保留完成增产目标的产粮大县和未完成增产目标的非产粮大县；(4)方式四，撤设样本中仅保留未完成增产目标的产粮大县和完成增产目标的非产粮大县。在对处理组和对照组进行上述样本组合后，分别进行模型(1)式估计，表4.12结果显示，无论采用何种分类方法和样本组合，模型估计结果与基准回归在显著性程度和方向上相比并未发生改变。这也应对本文的分析，这一结论提示我们，2009年划定的粮食安全主体责任对地方政府撤县设区行为激励的影响，可能将是长期的。

表4.12　考虑粮食安全主体责任强度下粮食增产目标约束的回归结果

	撤县设区			
	二分法 产能约束	三分法 产能约束	四分法 产能约束	六分法 产能约束
方式一：撤设样本中仅保留未完成增产目标的样本				
粮食安全	0.009***	0.010***	0.011***	0.012***
主体责任	(0.002)	(0.002)	(0.002)	(0.002)
控制变量	√	√	√	√
R2	0.681	0.682	0.538	0.538
观测值	35160	35160	35084	35084
方式二：撤设样本中仅保留完成增产目标的样本				
粮食安全	0.006***	0.006***	0.005**	0.006**
主体责任	(0.002)	(0.002)	(0.003)	(0.003)
控制变量	√	√	√	√
R2	0.584	0.584	0.579	0.579

	撤县设区			
	二分法 产能约束	三分法 产能约束	四分法 产能约束	六分法 产能约束
观测值	35027	35027	34938	34938
方式三:撤设样本中仅保留完成增产目标的产粮大县和 未完成增产目标的非产粮大县				
粮食安全 主体责任	0.006*** (0.003)	0.005*** (0.003)	0.005*** (0.003)	0.005*** (0.003)
控制变量	√	√	√	√
R2	0.518	0.512	0.514	0.514
观测值	35093	35093	35069	35069
方式四:撤设样本中仅保留未完成增产目标的产粮大县和 完成增产目标的非产粮大县				
粮食安全 主体责任	0.018*** (0.006)	0.018*** (0.006)	0.015*** (0.006)	0.015*** (0.006)
控制变量	√	√	√	√
R2	0.632	0.632	0.584	0.584
观测值	35059	35059	35037	35037

注:限于篇幅,控制变量进行了略写,其中一并包括前文的县级和地市变量,以及双向固定效应。

第五节　本章小结

根据前面章节中对地方政府借助撤县设区转变粮食安全主体责任的制度空间与利益激励的分析可以得知,地方政府存在借助建制变更转变粮食安全主体责任的制度空间,与此同时其也拥有借助撤县设区弱化粮食生产,并推动城市化建设的共同利益激励。本章则旨在进一步提供"嵌入"得以发生的经验证据,为此,仍利用了2009年产粮大县划定带来的外生冲击,基于2000—2020年1850个县级样本的面板数据,借助双重差分等估计方法,着重探究了粮食安全主体责任如何影响地方政府撤县设区概率的问题。与此同时,本书也以国定产粮大县划定政策文件中公布的粮食增产目标冲击为基础,在对粮食安全主体责任强度进行量化的基础上,进行了稳健分析。

研究结果发现:在中国式的分权体制背景下,由于地市政府和县级政府均有借助县级政区建制变更（县的农政区变为市辖区的城镇区），以弱化甚至摆脱不利于经济发展绩效和权力晋升的粮食安全主体责任的行为激励，这种变更上的利益一致性加之制度空间的存在，使得承担更大粮食安全主体责任的县与撤县设区的概率之间具有显著的正向关系。并且，在排除多种可能存在的担忧，以及对粮食安全主体责任强度进行量化检验后，该结论依旧较为稳健。

第五章　撤县设区的直接影响效应：撤设县的粮食生产

——责任转变下的生产要素非农化配置

前述内容分别从制度空间和利益激励的角度，系统考察了地方政府借助撤县设区转变粮食安全主体责任的嵌入机制。以此为基础，作为逻辑延伸，自然引出了对责任转变之下撤县设区如何影响粮食生产的思考，即影响效应的分析。本章内容聚焦于撤设县本地的粮食生产变化，即直接效应的影响分析。具体思路如下：首先，在理论层面，从农地非农化（耕地非农化与非粮化）与劳动力非农化（农村劳动力跨地区流动与本地就业结构改变）的要素配置重构角度，深入探讨撤县设区影响撤设县粮食生产的内在机理；其次，在经验层面，介绍本章的研究方法、实证模型，以及对内生性问题的讨论与工具变量选择的思路；再次，实证检验撤县设区对粮食生产的直接影响与时间动态效应，并通过变更组别设计、排除随机因素的影响、考虑政区类型与结构差异等方式进行稳健性检验；最后，分别检验撤县设区影响撤设县粮食生产的农地非农化与劳动力非农化作用机制。

第一节　理论机制

随着建制变更后撤设县的经济职能重心由农业转变为工业和服务业，辖区内原有的农地与劳动力等粮食核心生产要素会发生深刻变化，并着重表现出非农化的转移倾向，由此削弱当地的粮食生产。本章构建的理论分析框架见图5.1。

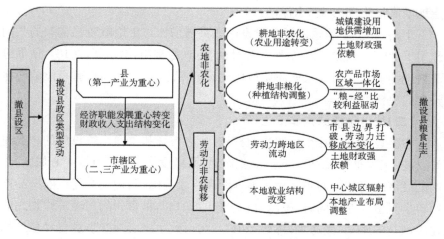

图5.1　撤县设区对粮食生产直接影响的理论分析框架

一、农地非农化:耕地用途非农化与耕地种植结构非粮化

撤县设区作为拓展城市发展空间的重要手段,影响粮食生产的首要渠道便是农地非农化,本部分重点从耕地用途非农化和耕地种植结构非粮化两个层面,分析撤县设区在农地非农化这一作用渠道上对撤设县粮食生产产生的影响。

(一)耕地用途非农化

撤县设区作为影响我国城镇化进程的重要举措,其一旦实施,地方政府的经济职能重心便由农业转变为工业与服务业等非农领域,这将导致城市对于商业地产、住宅地产及产业建设用地面积的需求急剧增加(郭贯成,汪勋杰,2014;王勇等,2017)。与此同时,鉴于我国城乡二元的土地制度背景,地方政府同时作为农村土地买方市场与城市土地卖方市场的垄断者,容易通过具有重要融资功能的土地获得大量资金(孙秀林,周飞舟,2013),加之1994年的分税制改革后,地方政府在面临加大城市化建设和公共服务供给方面的财政收支压力时,也会极大地增强对土地财政的依赖程度(张莉,2019)。除此之外,撤县设区的发生也会使得成为市辖区的撤设县在政府职能与管理权限方面相应发生变化,尤其是面临土地出让权利的转移(Zhang,2006)。具体而言,撤设后原辖区的农村土地并入城市规划区的范围之内,集体经济组织所有的土地在很大程度上会逐步转变为国有土地,这意味着成为市辖区后的地方政府在垄断土地一级市场的前提下,较之以往对耕地的占用与建设土地指标的提供,在管理体制上具备更大的操作空间,以获得土地增值收益(张少辉,余泳泽,2019)。

于是,在上述撤设后城市建设用地供需增加与土地财政强依赖的共同作用下,结合土地的自然供给无弹性的特点(曲福田,诸培新,2018),便促进了耕地的非农化即由农业向城市化建设的用途转变,从而极有可能威胁撤设县的粮食生产。

(二)耕地种植结构非粮化

撤县设区对市县行政边界的打破,加之市场和交通运输设施的相继建设发展(庄汝龙等,2020),农产品生产地(原撤设县)与消费地(中心城区)之间的经济距离和时间距离较之地理距离将大为缩短,由此在促进农产品产销市场互融互通的同时(王志凯,史晋川,2014),粮食作物与经济作物之间比较利益的驱动(张秀生,单娇,2014),将引致生产者对二者进行种植结构的调整,即调减粮食作物种植面积,而更多转向蔬菜、花木、养鱼等经济性用途。此外,结合"杜能圈"农业区位理论,随着撤县设区带来中心城区不断向外扩张,形成"中心-外围"的地理空间布局(聂伟等,2019),地方政府为积极培育高效特色城郊农业、适应地区经济发展,也会鼓励与引导周边区域生产者利用区位优势发展优质水果、蔬菜、花卉、苗木等特色经济作物和休闲观光农业产业(陈磊,姜海,2019),进而导致种植结构的非粮化调整。

由此,撤设县在"粮-经"比较利益驱动与农产品市场区域一体化的影响下,可能通过调整耕地种植结构的非粮化调整,进而削弱当地的粮食生产。

二、劳动力非农化:劳动力跨地区流动与本地就业结构改变

撤县设区影响粮食生产的另一关键路径在于劳动力要素的非农转移变化,本部分将其细化为劳动力的跨地区流动与本地就业结构改变予以剖析。

(一)劳动力跨地区流动

县与地级市虽然有一定的隶属和管辖关系,但两级行政单位的政府部门决策仍然具有相对独立性,存在劳动力跨行政区流动的体制与经济障碍(钟粤俊等,2020;Young,2000)。撤县设区后,两者的行政界限因市场与行政机构的融合而被打破,并在产业布局、城市规划、基础设施建设等方面实现地市政府统一决策(Chung,Lam,2004;钟粤俊,梁超,2021),从而有利于减少行政区间的政府机构摩擦,削弱原行政区间的边界效应(李郇,徐现祥,2015)。尤其是撤县设区带来的户籍身份直接转变,以及交通运输、供电设施、桥梁建筑等基础设施与公共服务的跨地区建设、完善,也将显著降低劳动力跨地区流动的体制和经济成本(Tang,Hewings,2017;唐为,王媛,2015),促进劳动力市场不断融合。

与此同时,撤县设区后的区域市场融合和城市集聚经济,为中心城区创造了广阔的经济发展腹地。具体而言,撤设后中心城区不仅可以凭借其区位优势吸引诸多外来企业的入驻,刺激更多就业机会的诞生,而且能够促进中心城区的产业专业化及其结构多元化的程度提高(Duranton,Puga,2005),从而提升其原有的资源获取能力与劳动力非农就业收益。由此,根据上述成本收益的分析视角可以得知,撤县设区会促进劳动力的跨地区流动。然而,劳动力要素的这一流失极有可能对撤设县的粮食生产构成一定威胁。

(二)本地就业结构改变

值得注意的是,撤县设区的发生也会促进本地就业的农业劳动力向非农产业集聚,即促使本地就业结构表现出非农化的特征。从撤设县本地产业布局调整的角度来看,撤设县从一产到二、三产业的经济职能重心转变,将直接带动资本、劳动等生产要素在本地的快速积累(聂伟等,2019)。同时,在撤县设区带来市场规模扩大的作用效果下(彭洋等,2019),根据新经济地理学的观点,其在本地市场效应和价格指数效应的自我强化与前后向关联机制作用下,可以促进人口与经济社会活动在本地范围内更高程度的空间集聚(Krugman,1991),进而提高辖区内企业的生产效率,并提供更多的非农就业机会与收益。此外,从中心城区辐射带动产业升级的角度来看,原中心城区的经济发展也将进一步辐射带动本地的非农产业布局与分工,并促进农村剩余劳动力在产业间工资差异的权衡下,向生产要素与工资报酬均更高的非农部门就业(姚旭兵,2016;Fendel,2016)。显然,撤设县本地就业结构的非农化改变会给粮食生产带来一定程度的影响。

综合以上分析,提出研究假说:撤县设区通过农地非农化与劳动力非农化,对撤设县的粮食生产产生负向影响。

第二节　研究设计

一、模型构建与样本选择

(一)模型设计

鉴于撤县设区在推行上具有渐进性的特征,即在各地的发生时点不一,表现出了地区与时间上的双重差异。为此,参考已有研究,构建多期双重差分模型考察撤县设区对粮食生产的影响,模型设定如下:

$$Grain\_Production_{it} = \alpha + \beta_1 treat_i \times post_{it} + \beta_2 treat_i + \beta_3 post_{it} + \lambda Z_{it} +$$
$$v_i + \mu_t + \varepsilon_{it} \quad (5.1)$$

式(5.1)中,i表示县域,t表示年份。因变量$Grain\_Production_{it}$表示县域i在第t年的粮食生产状况,用粮食产量进行刻画;$treat_i$表示是否撤县设区,发生撤设的县(县级市)$treat_i$赋值为1,否则为0(组别设计见图5.2);$post_{it}$表示撤县设区冲击前后,发生撤设当年和之后$post_{it}$取1,否则取0。Z_{it}为一组其他影响粮食产量的因素构成的控制变量,参考程名望等(2015)、伍骏骞等(2017)等人的研究,选取生产要素投入(包括粮食作物播种面积、化肥施用折纯量、农业机械总动力)、气候环境(包括年降水量、年平均气温)、宏观经济环境(包括县域及其所在地级市的年末总人口、财政负担、产业结构)等三个维度的变量。v_i表示地区固定效应,以控制不随时间变化的个体异质性影响因素,如宗教文化、区位条件差异;μ_t表示时间固定效应,以捕捉随时间变化而不随地区个体变化因素的影响,如宏观层面的经济波动或其他方面国家与地方政策等外生冲击;ε_{it}表示误差项。

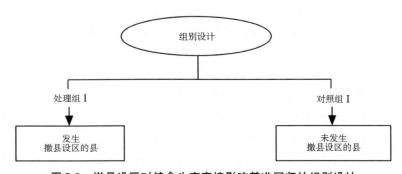

图5.2 撤县设区对粮食生产直接影响基准回归的组别设计

(二)样本选择

首先,在样本期的确定上,笔者综合考量县级数据的代表性、可获性与样本量,最终选择的研究样本时间跨度为2004—2020年。以2004年作为样本的起始年份主要是基于以下两个方面的考虑:其一,克服传统市管县体制的弊端是我国撤县设区推行的逻辑起点,虽然在1949年就已经出现市管县这一行政体制,但实际上直到2003年底,该体制才在全国范围内由试点转为普遍施行。其二,国家从2004年开始逐步取消农业税,这一改革在很大程度上会对地区粮食生产的积极性产生一定影响。为此,选取2004年作为起始样本以避免市管县体制发展变化以及农业税费改革对估计结果产生的干扰。此外,以2020年县级行政区划代码为基准,进行面板数据的匹配。

其次,在样本对象的选择上,考虑撤县设区成立的组成要件,在剔除由于地区升格为地级市而原有同名县(市)随之撤县设区的样本基础上,对具有如下特殊情况的县级样本也将不予考虑:(1)行政建制发生拆分(如拆县设区等);(2)行政区域面积较大变化(如县域面积进行拆分);(3)行政隶属关系变更(如隶属地市政府的关系变化);(4)建制为旗(旗级建制历史上未发生过撤县设区);(5)直辖市(下属县的行政级别为地市级,不具有可比性)、海南(省管县体制)、台港澳和西藏。除此之外,鉴于市辖区本身并无改设为市辖区的可能,因此为确保处理组与对照组的可比性,进而干净识别撤县设区的实际影响效应,我们也剔除了在2004年县级建制类型中为市辖区的县级样本。

最终参与模型估计的为2004—2020年全国25个省级单位306个地市单位1797个县级单位,这一大样本数据的使用为后续研究提供了充足的处理样本(113个撤设县)与对照样本(1684个非撤设县)。

二、内生性问题讨论与工具变量选择

值得注意的是,尽管双重差分法本身可以通过差分将政策处理效应从其他因素中分离出来,在一定程度上减轻模型内生性问题,但是由遗漏变量、双向因果等因素导致的内生性问题,仍然可能使得本文基准回归的估计结果产生一定偏误,从而影响研究结论的稳健性。

首先,从自然地理环境的特征来看,撤县设区这一服务于城市化建设的行政区划调整对于辖区自然地理环境(包括地形、地势等)具有一定要求,如:地势的平坦与否就关乎着土地的集约化、规模化开发利用及基础设施的完善等,亦即城市化建设的顺利开展(蒋冠宏,蒋殿春,2012)。然而,这些气候、土壤、地形地势等自然地理环境较为优越的地区,却也恰好因适宜农业发展而成为我国粮食生产的良好资源区(邹健,龙花楼,2009)。为此,自然环境因素可能同时与撤县设区、粮食生产之间发生一定关联,因此是本研究中不可忽略的混杂因素。但是针对此类问题,鉴于自然地理环境短期内难以发生较大改变,于是笔者采用面板数据双向固定效应模型,并在模型中逐步控制自然环境因素与生产要素投入、宏观经济环境等协变量,实际上便可以在很大程度上避免上述混杂因素的干扰。

其次,从经济发展水平的情况来看,实践中更容易成为上级政府撤设选取对象的通常是经济发展水平更高的地区。民政部在2014年发布的《市辖区设置标准(征求意见稿)》中,就明确提出了市辖区以及所撤设县的人口规模、非农人口占比、产业结构、城乡居民可支配收入等经济性因素是撤县设区能否实施的重要参照指标。并且在市县经济高度关联的现实背景下,经济发展水平高的地区也更便于实现与地市政府的"强强联合"(张莉等,2018)。但是值得注意的是,地区经济体量的扩大同时也意味着第一产业占比的下降与粮食生产的减弱,由此便可能会使得撤县设区的发生与粮食生产状况因当地经济发展水平的差异而存在相关性。换言之,撤县设区与粮食生产之间可能存在负向的反向因果关系。

此外,从政治经济学的角度来看,由于粮食生产具有典型的正向外部性(田建民,2010),因而粮食生产任务指标越重、产量越大的地区在经济社会发展与政府财政收入上受到的限制程度也越强(朱晶等,2021;杜志雄,2012)。于是,在地方政府撤县设区的动因上,无论是县级政府还是地市政府,通过撤县设区的建制变更在经济职能上弱化粮食生产职责,便具有极大的行为激励。这种将撤县设区作为快速推动城市化的"灵丹妙药"而随意使用的工具化行为倾向,也已被学界和实务界所指出。近年来,国家逐渐强调稳妥有序、严控撤县设区正是对此类现象的回应。基于这一可能的理论解释,粮食生产越多的地区亦可能越有动力与激励去推行撤县设区,由此使得撤县设区与粮食生产之间反而表现出正向的反向因果关系。

虽然我们无法在实践中完全区分出上述相反方向的双向因果关系,但此类因素的存在无疑可能会影响估计结果的可靠性(陈林,伍海军,2015)。对于此,本书进一步采用工具变量法进行处理。按照构建工具变量的基本思路和逻辑,尝试找到仅与撤县设区发生有内在联系,而与县域粮食生产没有直接联系的外生变量作为工具变量。考虑到撤县设区调整服务于城市发展空间的扩容及都市圈、城市群的建设,因此在工具变量的选择上,聚焦以下三个维度:

(1)地市内部的政区结构:用县所在地市内的上一年市辖区占比表示。该比重越高,表明中心城市的规模越大、城镇化率越高,那么继续沿袭农村管理模式将有悖于当地实际发展的需要,此时撤县设区成了提升当地行政管理水平与效率的重要调整手段与必然进程(陈科霖,2019)。简要而言,所在地市内上一年市辖区占比越高的隶属县越有可能被撤县设区。从图5.3中也可以发现,地市内撤县设区发生的比率与上一年市辖区数量占比之间存在着正相关的关系。但值得注意的是,在上一年市辖区数量占比很小、城市规模不大的情况下,地方政府理论上也有可能出于对政绩与财政利益的考虑,更加有动力进行撤县设区。因此,为了严谨起见,我们进一步选择上一年市辖区占比的平方项以捕捉市辖区占比与撤县设区之间可能被忽视的非线性关系。

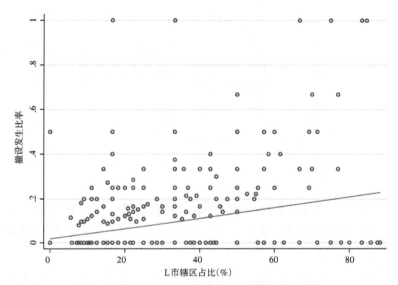

图5.3 不同市辖区占比情况下的撤设发生比率

（2）地理距离：用县距离所在地市中心城区的质心距离表示。该变量最为外生，且在实践中，出于交通、土地、产业等规划成本问题，该距离的远近程度通常会成为考察该县是否适合撤县设区的重要因素（钟粤俊，梁超，2021）。如图5.4所示，发生撤设的县距离所在地市中心城区的质心距离均值为37.7公里，明显小于未发生撤设的县距离所在地市中心城区的平均质心距离62.4公里。同时，也没有证据表明该距离变量会直接影响当地的粮食生产情况。

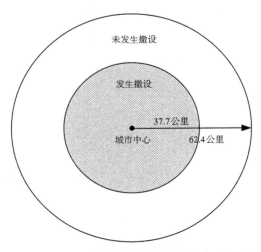

图5.4　发生与未发生撤设的县距离所在地市中心城区质心距离

注:图中标注数值分别为发生与未发生撤设的县距离所在地市中心城区质心
距离的均值。

(3)地市行政等级:用城市的行政级别高低来表示。撤县设区作为一项
重要的行政区划调整,其发生势必需要涉及从政府内部博弈到决策的全过
程,尤其是在行政区划经济功能比较突出的中国,城市的行政级别越高(副
省级城市和计划单列市为高行政级别),通常意味着资源获取能力越强,在
所处区域中的中心城市地位越突出,因此其下属县更易也更有可能被撤县
设区(詹新宇,曾傅雯,2021)。下表5.1也显示高行政级别城市撤县设区发
生比率要显著高于普通地级市,印证了上述关联。并且城市行政级别的高
低也难以直接影响县域的粮食生产状况,因此理论上可以作为撤县设区的
外生工具变量。

表5.1　不同城市级别撤设发生比率的组间均值差异检验

变量	全样本	城市级别=0 (1)	城市级别=1 (2)	组间均值差异 (1)-(2)
撤县设区发生比率	0.0733 (N=28285)	0.0583 (N=26119)	0.2545 (N=2166)	−0.1963***

注:城市级别的赋值依据:副省级城市或省会城市=1,其他=0。

三、描述性统计

进一步,考虑到在面板数据固定效应模型中实际运用工具变量法进行
估计,使用不随时间变化的工具变量便无法得到有意义的估计结果,因此,

笔者参考Nathan和Qian(2014)研究中工具变量的设置方法,构造了两个既随时间变化也随地区变化的交互项作为撤县设区的工具变量:上一年市辖区数量占比的平方*县距离所在地市中心城市的质心距离,城市级别*时间趋势项。根据理论预期,这两个工具变量均与撤县设区的发生存在相关性,同时不直接影响粮食产量,可以满足工具变量有效性的两个条件(更为严谨的检验见实证结果)。

为直接刻画县与市辖区在经济职能重心与粮食生产状况方面的差异,笔者首先将样本中发生撤设的县予以剔除,再将2004年为市辖区的县级单位重新纳入,即以2004—2020年为窗口期,对市辖区与未发生撤设的县进行系统对比。参考已有文献的常用做法,用财政支农比重(农林水财政支出/一般预算公共财政支出·100%)以及反映乡村就业结构的乡村从业农业劳动力人数的占比(乡村农业从业人员数/乡村从业人员数·100%),共同刻画县级政府的经济职能重心,并用粮食作物播种面积、人均粮食产量指标直观表征辖区粮食生产状况,此外,各指标均取其各年份的均值加以比较。图5.5显示,县在各年份的财政支农比重及乡村从业农业劳动力人数占比均高于市辖区,且这一差异在样本期内呈现扩大的趋势。这预示着当县转变为市辖区,原辖区经济重心的确会相应发生"非农化"偏移,这也为撤县设区后原辖区要素发生非农化配置提供了间接的经验证据。更为重要的是,从更加直观的粮食生产状况来看(见图5.6),县的粮食生产相关指标在样本期内各年度同样均大于市辖区,且其差异同样随着时间的推移越加明显,由此初步从经验层面验证了本文的理论猜想。

图5.5　区县经济重心差异

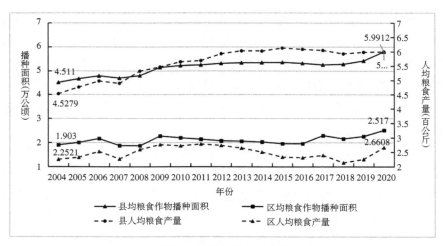

图5.6　区县粮食生产差异

表5.2给出了本部分的变量赋值与统计特征。

表5.2　撤县设区直接影响涉及的变量说明与描述性统计

变量名称	变量赋值	均值	标准差
县域粮食产量	原值取对数（原值单位：万吨）	2.900	1.003
县域是否撤县设区	是否撤县设区：0=否；1=是	0.063	0.243
县域农作物播种面积	原值取对数（原值单位：千公顷）	3.980	0.893
县域人均农作物播种面积	原值取对数（原值单位：千公顷）	0.881	0.339
县域粮食作物播种面积占比	原值取对数，县域粮食作物播种面积/县域农作物总播种面积	0.669	0.177
县域乡村从业人员数	原值取对数（原值单位：万人）	2.867	0.816
县内乡外外出从业人员数	原值取对数（原值单位：万人）	1.722	0.442
县域农林牧渔业从业人员数	原值取对数（原值单位：万人）	2.330	0.710
县域农林牧渔业从业人员数占比	原值取对数，县域农林牧渔业从业人员数/县域乡村从业人员	0.601	0.526
县域农业机械总动力	原值取对数（原值单位：千瓦）	3.312	0.948
县域化肥施用折纯量	原值取对数（原值单位：万吨）	1.025	0.595
县域粮食作物播种面积	原值取对数（原值单位：千公顷）	3.555	0.941
县域年度平均降水量	原值取对数（原值单位：0.1毫米）	6.672	0.678
县域年度平均气温	原值取对数（原值单位：摄氏度）	2.618	0.475
县域年末总人口	原值取对数（原值单位：万人）	3.663	0.772

变量名称	变量赋值	均值	标准差
县域财政负担	原值取对数, (县域一般财政预算支出-县域一般 财政预算收入)/县域一般财政预算收入	1.438	0.801
县域农业产值占比	原值取对数, 县域农业产值/县域国民生产总值	0.188	0.119
县域所在地市年末总人口	原值取对数(原值单位:万人)	5.940	0.711
县域所在地市财政负担	原值取对数, (地市一般财政预算支出-地市一般 财政预算收入)/地市一般财政预算收入	1.093	0.611
县或所在地市农业产值占比	原值取对数, 地市农业产值/地市国民生产总值	0.134	0.080
县域离所在地市的质心距离	原值取对数(原值单位:公里)	3.948	0.640
县或所在地市城市级别	所在地市是否为副省级城市或省会城 市:0=否;1=是	0.076	0.265
县域所在地市市辖区占比	原值取对数, 所在地市内市辖区数/县级区划数	0.229	0.189

注:在取对数过程中,变量均先加上一单位然后再取对数,ln(真实值+1)。

第三节 基准回归结果与稳健性检验

本部分的实证分析步骤如下:首先采用带有工具变量的双向固定效应模型分析检验撤县设区对撤设县粮食生产的直接影响;接着,借助事件分析法,进行撤县设区改革的平行趋势检验与动态效应分析。

一、撤县设区对撤设县粮食生产的直接影响

表5.3汇报了撤县设区影响粮食生产的基准回归结果。在第(1)~(3)列中,采用双向固定效应模型并在其中逐步纳入生产要素、气候环境、经济环境不同维度的变量进行估计,结果显示,随着各维度控制变量的逐步纳入,撤县设区这一核心解释变量的回归系数均始终在1%的水平上显著为负,初步论证了经验结果的稳健性。与此同时,鉴于撤县设区的实施效果发挥可能具有一定的时滞性,加之粮食生产本身对于政策的反应也存在着滞后性(张琛,孔祥智,2017),于是为了稳健起见,本部分在第(4)列中也进一

步将因变量替换为三年内粮食产量均值加以考察与对照,回归结果同样表明撤县设区对撤设县三年内粮食产量均值具有显著的负向影响。

进一步地在第(5)、(6)列汇报了采用工具变量的估计结果。不可识别检验的 Anderson LM 统计量在1%的显著性水平上拒绝了原假设,弱工具变量检验的 Kleibergen-Paap rk LM 统计量显示不存在弱工具变量问题,Hansen 过度识别检验则表明工具变量具有较好的外生性。并且纳入工具变量后撤县设区的回归系数在其绝对值上有所提高。结合前文对内生性来源的讨论,这一结果表明撤县设区与粮食生产之间因经济发展水平导致的(负向)反向因果关系在一定程度上可能要强于因地方政府政治经济激励带来的(正向)反向因果关系。可见,忽略内生性问题会导致低估撤县设区对粮食生产的负向影响,这在一定程度上也更加证实了撤县设区对粮食生产的重要影响。

尽管低估并不会影响我们对撤县设区作用方向的识别与判断,但为确保估计结果的准确性,笔者选择(5)、(6)列作为撤县设区影响粮食生产的最终解释依据。可以发现,在控制模型内生性之后,撤县设区的回归系数在1%的水平上显著为负,并且显示撤县设区的发生将导致撤设地区粮食减产57.9%。可见,估计结果的统计学和经济学含义均表明撤县设区的发生确实显著削弱了当地的粮食生产,印证了研究假说Ⅰ。

表5.3 撤设县的粮食生产:基准回归结果

	被解释变量:粮食产量					
	基准 DID				带有工具变量的 DID	
	当年粮食产量			三年粮食产量均值	当年粮食产量	三年粮食产量均值
	(1)	(2)	(3)	(4)	(5)	(6)
撤县设区	−0.046***	−0.047***	−0.046***	−0.053***	−0.579***	−0.665***
	(0.013)	(0.013)	(0.014)	(0.013)	(0.155)	(0.192)
控制变量 生产要素	√	√	√	√	√	√
控制变量 气候环境	—	√	√	√	√	√
控制变量 经济环境	—	—	√	√	√	√
年份 固定效应	√	√	√	√	√	√

	被解释变量:粮食产量					
	基准DID				带有工具变量的DID	
	当年粮食产量			三年粮食产量均值	当年粮食产量	三年粮食产量均值
	(1)	(2)	(3)	(4)	(5)	(6)
县市固定效应	√	√	√	√	√	√
不可识别检验P值	—	—	—	—	0.0000	0.0000
过度识别检验P值	—	—	—	—	0.265	0.766
弱工具变量检验F值	—	—	—	—	353.29	353.29
常数项	√	√	√	√	√	√
样本量	27734	27646	23944	23944	22620	22620
R2	0.983	0.983	0.982	0.985	0.345	0.212

注:括号内为聚类到地市层面的稳健标准误,*、**和***分别代表10%、5%和1%的显著性水平。符号"√"表示对应变量在模型中予以控制。本章后文模型回归表格中如无特殊说明,与此处相同。

二、动态效应与平行趋势检验

运用双重差分估计方法能否得出真实因果处理效应的重要前提条件是,在政策执行之前,实施撤县设区县域与未发生撤县设区县域之间的粮食产量趋势不存在系统性差异,或者存在差异,差异也是固定的,即需要符合平行趋势假设。为了检验趋势是否成立,参考已有文献的标准做法(Jacobson等,1993;Moser,Voena,2012),采用事件分析法进行检验,并将模型(5.1)式改写如下:

$$Grain\_Produection_{it} = \alpha + \prod_{k \geqslant -15, k \neq -1}^{13} \beta_k D_{it}^k + \lambda Z_{it} + v_i + \mu_t + \varepsilon_{it} \quad (5.2)$$

在模型(5.2)式中,因变量和控制变量同模型(5.1)式。其中,D_{it}^k为撤县设区实施这一事件的虚拟变量。检验的基本思路是:如果在控制了诸多因素之后,粮食产量的下降源于撤县设区事件的发生,则在撤县设区实施之前处理组和对照组在粮食产量的变动趋势上不会显著变化。换言之,如果平行趋势假设满足,则在政策实施当年之前的β_k不应显著。此外,相较于模型

(5.1)仅估计了撤县设区影响粮食产量的平均处理效应,通过将政策干预时点后移,便可以同时利用估计系数β_k捕捉政策干预后各年份处理效应的动态变化。假设县域i实施撤县设区的年份为y_i,令$k=t-y_i$;当$k\leqslant-15$时,$D_{it}^{-15}=1$,否则为0;以此类推,当$k=-14,-13,\cdots,12$时,相应的$D_{it}^{k}=1$,否则为0;当$k\geqslant13$时,$D_{it}^{13}=1$,否则为0。在具体的回归分析中,为避免虚拟变量的多重共线性,参照标准做法以政策实施前一年为基准组,因此,模型(5.2)式中并无D_{it}^{-1}这个虚拟变量。

为更加直观地观察平行趋势的假设检验及动态效应,图5.7中绘制了β_k的估计系数及其90%的置信区间,可以看出撤县设区之前几乎所有交互项的系数均无法在10%的显著性水平上拒绝等于零的原假设,表明撤县设区县域与未发生撤县设区县域的粮食产量在事件发生之前没有显著差别。同时,笔者也对各时点β_k的估计系数进行了联合假设检验,结果如表5.4所示,同样表明政策实施前各时点β_k联合不显著。于是,综合来看,双重差分估计符合共同趋势假定,前述对模型(5.1)的估计结果较为可信。

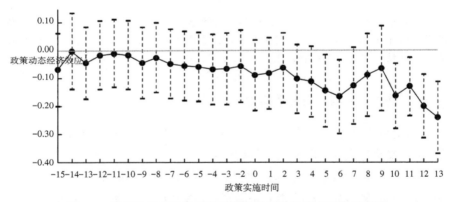

图5.7　撤县设区直接影响的平行趋势检验与动态效应示意图

表5.4　撤县设区直接影响的分时段政策显著性联合假设检验

时段范围	原假设	因变量			
		当年粮食产量		三年内粮食产量均值	
		F统计量	P值	F统计量	P值
政策干预前	估计系数联合为0	1.3	0.164	1.58	0.114
政策干预后	估计系数联合为0	3.45	0.000	4.91	0.000

三、稳健性检验:排除替代性假说

本部分通过变更组别设计、考虑政区类型与结构等方式展开系列稳健性检验,从而进一步增强基准回归的可信度,并加深对文章主题的理解。

(一)变更组别设计:地市内部关联与行政区划变更类型

从经典双重差分法关于个体处理与否不会影响其他个体的这一假设来看,发生撤设的县受到处理之后,如果对照组没有发生撤设的县粮食产量受到影响,则极有可能会使得基准回归结果的可靠性受到一定干扰;除此之外,同样值得疑虑的是,地市内倘若还发生了其他类型的行政区划变更,也可能影响撤设县的粮食产量。因为理论上,不论是县改市还是区改县等其他可能的行政区划调整,均是我国以经济目的为出发点、以促进要素充分流动、满足社会生产地域分工为实施途径的重要手段,农业生产活动在此过程中难免会因经济导向的发展策略而受到一定影响,由此可能波及本县粮食产量。

为此,我们首先在组别设计上剔除撤设县所在地级市内的非撤设县,即限定处理组与对照组不在同一地市内部,以排除撤设县与非撤设县最有可能发生关联的渠道(见图5.8)。表5.5(1)~(4)列同时汇报了撤设县当年粮食产量与三年内粮食平均产量受到影响的基准回归结果,以及纳入工具变量的回归结果。估计系数显示,在排除了地级市内部撤设县与非撤设县之间的相互影响后,撤县设区的影响依旧在1%的水平上显著为负。其次,为进一步排除其他类型行政区划变更的可能干扰,本文同时限定样本地市只为发生县改区这一种类型区划变更的行政单位及其所辖县。(5)~(8)列的估计结果显示,即便是对组别设计的干净、严格程度进一步加码,也并没有改变我们基准模型回归结果的核心结论,即撤县设区显著削弱了粮食生产。

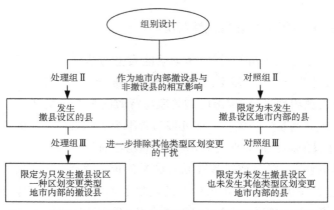

图 5.8　撤县设区对粮食生产直接影响稳健性检验的组别设计

表5.5　变更组别设计的直接影响稳健性检验

	被解释变量:粮食产量							
	排除地市内部撤设县与非撤设县之间相互影响				进一步排除地市内其他类型区划变更的干扰			
	基准DID		带有工具变量的DID		基准DID		带有工具变量的DID	
	(1)	(2)	(3)	(4)	(5)	(6)	(7)	(8)
	当年产量	三年平均	当年产量	三年平均	当年产量	三年平均	当年产量	三年平均
撤县设区	−0.047***	−0.054***	−0.170***	−0.184***	−0.038*	−0.050**	−0.178***	−0.196***
	(0.018)	(0.016)	(0.047)	(0.050)	(0.020)	(0.021)	(0.062)	(0.065)
生产要素变量	√	√	√	√	√	√	√	√
气候环境变量	√	√	√	√	√	√	√	√
经济环境变量	√	√	√	√	√	√	√	√
不可识别检验P值	—	—	0.001	0.001	—	—	0.007	0.007
过度识别检验P值	—	—	0.343	0.126	—	—	0.469	0.167
弱工具变量检验F值	—	—	91.631	91.631	—	—	71.051	71.051
常数项	√	√	√	√	√	√	√	√
样本量	14413	16770	13614	13614	14051	14051	13272	13272
R2	0.982	0.984	0.502	0.435	0.982	0.983	0.501	0.433

（二）区分建制类型、所在地市行政级别与撤县设区次数

考虑到县级政区包括县、自治县、县级市等多种建制类型，不同建制类型在其性质与功能上存在差异，尤其是县级市在工作重心上以城市为主、兼顾农村，而县则是以农村为主、兼顾城市（杨爱平，陈瑞莲，2004）。那么，理论上以管理农业生产与农村工作为重点的县相较于本身就兼顾经济发展的县级市而言，在改设为以从事非农业活动为主的市辖区时，其粮食生产状况受到的波及极有可能更为明显。为此，我们在表5.6的（1）～（3）列中依次汇报了仅保留县样本、剔除自治县以及仅保留县级市样本进行估计的回归结果。结果与我们的上述理论预期相一致，即无论是否剔除自治县，县级样本粮食生产受到撤县设区的负向影响均显著高于县级市样本，且在系数上也的确呈现出县样本>全样本>县级市样本的特征。

与此同时，鉴于撤县设区这一行政区划调整的实施涉及政府内部的复杂博弈、谈判、决策等过程，已有文献指出，地市政府的行政级别在很大程度上会影响撤县设区的政策效应（詹新宇，曾傅雯，2021）。从理论上来看，倘若撤设县所在地市本身具有较高的行政级别，为区域经济影响力大、资源获取能力强的副省级城市或省会城市，那么其下辖县可能更加容易受到中心城市的辐射效用，尤其是带动地区城市化的建设与发展，而减弱对粮食生产的重视。为此，我们在表5.6第（4）、（5）列中，依次考察高地市行政级别与低地市行政级别下撤县设区对粮食生产的影响效应。结果显示，撤县设区的估计系数依旧在1%的水平上显著为负，并且与理论推测相符，高地市行政级别下的撤县设区回归系数在均值意义上的确要明显大于低地市行政级别下的系数值。此外，鉴于不同地市内部撤县设区发生次数也有差异，本文也进一步将样本分别限定为同一地市内只发生一次撤县设区与发生多次撤县设区的情况分别进行回归，估计结果仍旧十分稳健。

表5.6　考虑政区类型与结构差异的直接影响稳健性检验

	建制类型			所在地市行政级别		地市内撤县设区发生次数	
	县样本（1）	剔除自治县（2）	县级市样本（3）	高地市行政级别（4）	低地市行政级别（5）	发生一次撤县设区（6）	发生多次撤县设区（7）
撤县设区	-0.190^{*} (0.099)	-0.320^{***} (0.082)	-0.192^{**} (0.075)	-0.360^{***} (0.118)	-0.129^{***} (0.043)	-0.453^{***} (0.068)	-0.785^{***} (0.088)
控制变量	√	√	√	√	√	√	√

	建制类型			所在地市行政级别		地市内撤县设区发生次数	
	县样本(1)	剔除自治县(2)	县级市样本(3)	高地市行政级别(4)	低地市行政级别(5)	发生一次撤县设区(6)	发生多次撤县设区(7)
不可识别检验P值	0.000	0.000	0.000	0.000	0.000	0.000	0.000
过度识别检验P值	0.265	0.975	0.199	0.846	0.258	0.177	0.139
弱工具变量检验F值	40.88	67.263	34.122	33.716	43.877	76.99	77.719
样本量	17957	22620	4657	1312	4020	22620	22620
R2	0.441	0.431	0.521	0.300	0.523	0.410	0.387

第四节　机制分析

尽管上文的基准回归结果及一系列稳健性检验,均已表明撤县设区的确显著削弱了撤设县的粮食生产,但是对于这一削弱影响的具体作用机制究竟如何,尚有待进一步的分析检验。

一、农地非农化机制

(一)耕地用途非农化

为检验前文所述的耕地用途非农化作用机制,借鉴已有文献的通常做法,以农作物播种面积、人均农作物播种面积的变化作为因变量以刻画耕地用途的非农化转变,以提供初步的经验证据。根据表5.7第(1)、(3)列显示,撤县设区不仅显著降低了撤设县的农作物播种面积,而且也导致人均农作物播种面积出现一定程度的削减。这可能是因为实践中撤县设区一旦实施,当地政府的职能重心将由农业转变为二、三产业,经济发展对商业用地、住宅用地、产业建设等非农用地面积的需求与利用不断增加,而此时农用耕地面积便会遭受挤压。这一结论与张琛和孔祥智(2017)的研究发现一致,同时印证了前文理论分析,表明撤县设区通过加剧耕地用途非农化转变削弱了粮食生产。

此外,为进一步增加机制分析的可信度,笔者也借鉴孙健等(2016)、翟胜宝等（2017）、吴朝阳和陈雅（2020）的研究，采用Baron和Kenny（1986）针对中介效应提出的逐步法进行回归，并同时汇报了Sobel检验结果。表5.7第（2）、（4）列为将农作物播种面积、人均农作物播种面积作为机制变量分别纳入基准模型（5.1）式后的回归结果，结果显示，农作物播种面积、人均农作物播种面积及撤县设区的回归系数均至少在5%的水平上显著。Sobel（1982）检验结果显示Z值分别为−1.988、−2.124，且均在至少5%的水平上显著。这一回归结果也进一步佐证了耕地用途非农化转变的确是撤县设区影响粮食生产的重要机制。

表5.7　撤县设区直接影响的耕地用途非农化机制

	被解释变量			
	农作物播种面积（1）	粮食产量（2）	人均农作物播种面积（3）	粮食产量（4）
撤县设区	−0.153** （0.069）	−0.230** （0.115）	−0.080** （0.033）	−0.242* （0.124）
农作物播种面积	—	0.637*** （0.049）	—	—
人均农作物播种面积	—	—	—	1.068*** （0.078）
控制变量	√	√	√	√
不可识别检验P值	0.0000	0.0000	0.0000	0.0000
过度识别检验P值	0.5074	0.7595	0.7710	0.8395
弱工具变量检验F值	65.288	65.302	65.288	65.567
Sobel检验	Z=−1.988** （P值=0.046） 中介效应显著		Z=−2.124*** （P值=0.034） 中介效应显著	
样本量	20380	20371	20380	20371
R2	0.132	0.251	0.216	0.235

（二）耕地种植结构非粮化

参考已有研究的做法，本部分同时采用相对占比指标即粮食作物播种面积的比重（粮食作物播种面积/农作物总播种面积），以及粮食作物播种面积、经济作物播种面积的绝对数值来共同刻画耕地种植结构调整的情况。表5.8中（1）、（3）、（5）列汇报了撤县设区影响耕地种植结构的回归结果，结果显示,撤县设区的影响均至少在5%的水平上显著为负,表明撤县设区的确显著加剧了耕地种植结构的非粮化调整。这可能是因为撤县设区后,市县行政边界被打破、农产品产销市场互融互通,农业生产者与当地政府出于利益考量将有限的耕地资源更多用于发展特色经济作物与休闲观光农业产业,以适应地区经济发展,从而使得种植结构表现出了非粮化的调整趋势,引致粮食减产。

与此同时,本文同样汇报了逐步法与Sobel检验的估计结果,以增强机制分析研究结论的可靠性。(2)、(4)、(6)列则分别为将机制变量粮食作物播种面积占比、经济作物播种面积、粮食作物播种面积纳入基准模型(1)式后的回归结果,显示撤县设区对粮食作物播种面积占比、经济作物播种面积、粮食作物播种面积的回归系数均在1%的水平上显著。同时Sobel检验结果显示Z值也均至少在5%的水平上显著为负。综合上述检验结果可以说明,耕地种植结构调整在撤县设区与粮食生产之间起到了机制作用,且表现为负向的影响,与我们的理论预期相一致。

表5.8　撤县设区直接影响的耕地种植结构非粮化机制

	被解释变量					
	粮食播种面积占比	粮食产量	粮食播种面积	粮食产量	经济作物播种面积	粮食产量
	(1)	(2)	(3)	(4)	(5)	(6)
撤县设区	−0.129***	−0.844***	−0.740***	−0.437***	0.191**	−0.377***
	(0.019)	(0.212)	(0.074)	(0.053)	(0.082)	(0.061)
粮食作物播种面积占比	——	1.812***	——	0.635***	——	−0.092***
		(0.134)		(0.025)		(0.007)
控制变量	√	√	√	√	√	√
不可识别检验P值	0.000	0.000	0.000	0.000	0.000	0.000
过度识别检验P值	0.257	0.134	0.295	0.473	0.130	0.382
弱工具变量检验F值	334.570	250.969	397.231	385.742	525.828	530.167
Sobel检验	Z=−5.889*** (P值=0.000) 中介效应显著		Z=−2.460** (P值=0.014) 中介效应显著		Z=−2.914*** (P值=0.003) 中介效应显著	
样本量	22570	22570	25854	25853	22570	22570
R2	−0.132	0.003	−0.135	0.395	0.006	0.048

此外,为进一步明晰与追踪撤县设区对于撤设县耕地种植结构调整的长期影响,我们依然采用事件分析法分别考察了撤县设区对粮食作物及经济作物播种面积占比影响的动态效应(见图5.9与5.10),可以发现,撤县设区对于粮食作物播种面积占比的影响呈现出了先下降后上升的趋势,与之相对应,对于经济作物播种面积占比的影响则表现为先上升后下降。这可能是因为虽然从短期来看,作为理性经济人的当地政府与农业生产者为最大限度利用有限耕地资源以产生预期经济效益、顺应地区经济发展,使得农业种植结构呈现了非粮化的趋势,但从长期来看,鉴于国家不断压实县级政府粮食生产责任并对其生产任务指标进行考核(龚为纲,张谦,2016),使得即便是撤设后的区也终归需要面临保障本行政区粮食安全的生产任务,因而需要在粮食作物播种面积上下功夫(调增其占比)以维持商品粮与粮食生产的总量。

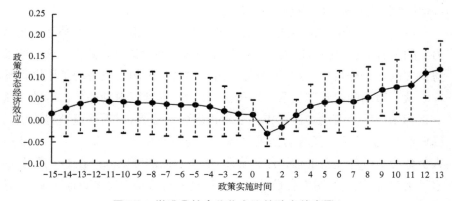

图5.9　撤设县粮食作物占比的动态效应图

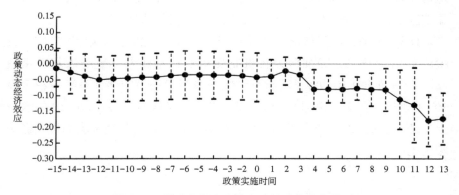

图5.10　撤设县经济作物占比的动态效应图

表5.9 撤县设区对粮食作物占比影响的分时段政策显著性联合假设检验

时段范围	原假设	因变量			
		粮食作物占比		经济作物占比	
		F统计量	P值	F统计量	P值
政策干预前	估计系数联合为0	0.86	0.5610	0.79	0.6282
政策干预后	估计系数联合为0	2.91	0.0017	2.68	0.0037

二、劳动力非农化机制

(一)劳动力跨地区流动

本部分重点考察撤县设区影响粮食生产的劳动力跨地区流动这一作用机制。针对劳动力跨地区流动的相关指标选取,本文不仅采用"县内乡外外出劳动力人数""省内县外外出劳动力人数"指标进行直接刻画,同时也借助各地区"乡村从业人数"从侧面加以表征。

(1)、(2)列的回归结果显示,撤县设区的发生促进了县内乡外外出劳动力数的显著增加,同时,造成了省内县外外出劳动力的显著减少。这一结果与前文的理论分析一致,即可能是由于撤县设区的发生带动了原撤设县非农就业市场的建设与发展。值得注意的是,尽管省内县外外出劳动力这一指标未能区分劳动力流动方向在地市层面的边界,而需要谨慎解读该列回归结果,但其负向显著的结果总体上仍与前文相印证。(3)列以乡村从业人员作为被解释变量的估计结果显示,撤县设区的回归系数在1%的显著性水平上为负,这也表明撤县设区的确会促进乡村劳动力发生跨地区流动,导致现存乡村劳动力数减少。鉴于在实践中,最先发生跨地区流动的劳动力通常为青壮年等知识技能与素质较高的群体,由此便在很大程度上会造成原辖区粮食生产面临"失血"困境,出现产量下滑的情形。

此外,为加强研究结论的可信度,表5.10同样也汇报了逐步法与Sobel检验的估计结果。(3)列即为将机制变量乡村从业人员数纳入基准模型(5.1)式后的回归结果,显示撤县设区与乡村劳动力的估计系数均在至少10%的水平上显著。并且Sobel检验结果显示Z值为-1.875,在10%的水平上显著。由此,进一步佐证了撤县设区会通过劳动力跨地区流动机制影响粮食生产。

表5.10　撤县设区直接影响的劳动力跨地区流动机制

	被解释变量			
	县内乡外外出劳动力 (1)	省内县外外出劳动力 (2)	乡村劳动力 (3)	粮食产量 (4)
撤县设区	0.703***	−0.558**	−0.276***	−0.954***
	(0.252)	(0.234)	(0.043)	(0.195)
乡村劳动力	—	—	—	0.008***
				(0.001)
控制变量	√	√	√	√
不可识别检验P值	0.000	0.000	0.000	0.000
过度识别检验P值	0.249	0.159	0.264	0.230
弱工具变量检验F值	26.553	29.245	78.698	313.417
Sobel检验	—	—	Z=−1.875* （P值=0.061） 中介效应显著	
样本量	744	744	21354	21354
R2	−0.036	−0.094	−0.015	−0.053

（二）本地就业结构改变

本部分进一步从实证层面给出撤县设区通过本地就业结构改变的劳动力非农化机制影响粮食生产的经验证据。由于难以直接获得具体从事狭义农业产业的劳动力人数，因此笔者借鉴方鸿（2010）、张乐和曹静（2013）等人的研究，选择采用"乡村农林牧渔业从业人员数"指标表征现存农业劳动力数量，用"乡村农林牧渔业从业人员数"占"乡村从业人员"比重指标表征农业劳动力占比，共同刻画本地就业结构机制变量。

表5.11汇报了撤县设区影响本地就业结构的相关回归结果，（1）、（3）列中的估计系数显示，撤县设区的确在1%的显著性水平上削弱了原辖区农业劳动力数量及其占比。促成这一结果的原因可能有两点：其一，撤县设区后经济职能重心的转变使得本地非农就业机会增多、收益提高；其二，由原中心城区的经济发展辐射带动本地非农产业布局与分工，促使农业劳动力转移到了工资报酬更高的非农部门就业。显然，当地从事农业生产劳动力要素的流失会对其粮食产量形成一定冲击。此外，（2）、（4）列中依然汇报了逐步法与Sobel检验的回归结果。将本地就业结构这一机制变量纳入基准模型（5.1）后的估计系数表明，农业劳动力数量及其占比或者说本地就业结

构的改变在撤县设区对粮食生产的影响中起到了机制作用。结合Sobel检验也可以得知,本地就业结构由农业领域向非农的转移的确构成了撤县设区削弱粮食生产的作用机制。

表5.11　撤县设区直接影响的本地就业结构改变机制

	被解释变量			
	农业劳动力 （1）	粮食产量 （2）	农业劳动力占比 （3）	粮食产量 （4）
撤县设区	−0.273*** (0.055)	−0.348*** (0.130)	−0.031*** (0.008)	−0.376*** (0.132)
农业劳动力	—	0.062*** (0.019)	—	—
农业劳动力占比	—	—	—	0.111* (0.060)
控制变量	√	√	√	√
不可识别检验P值	0.000	0.000	0.000	0.000
过度识别检验P值	0.396	0.117	0.358	0.106
弱工具变量检验F值	71.867	98.444	65.147	98.450
Sobel检验	Z=−4.067*** （P值=0.000） 中介效应显著		Z=−1.757* （P值=0.079） 中介效应显著	
样本量	19774	19774	19701	19701
R2	0.010	0.429	0.025	0.420

第五节　本章小结

在前面章节的基础上,本章分析并检验了撤县设区对于撤设县粮食生产的直接影响与作用机制。首先,在理论层面,聚焦从农地非农化(包括耕地用途转变、种植结构调整)与劳动力非农化(包括劳动力跨地区流动、本地就业结构改变)两个角度,剖析撤县设区直接影响撤设县粮食生产的理论机制;其次,在经验层面,采用带有工具变量的双重差分模型,通过对2004—2020年全国1797个县级单位面板数据的分析,实证检验了撤县设区对撤设县粮食生产的直接影响与作用机制。

实证研究结论表明:(1)撤县设区的发生会对撤设县当年粮食产量与三年内粮食平均产量产生负向影响,且该负向影响均在1%的水平上显著。上述双重差分估计符合共同趋势假定,并具有长期影响效应。在通过变更组别设计以及考虑政区类型与结构等方式,排除可能存在的担忧后,撤县设区对撤设县粮食生产的负向影响依然十分显著。(2)撤县设区通过推动耕地用途非农化转变以及种植结构非粮化调整的农地非农化机制,削弱了撤设县的粮食生产,即农地非农化是撤县设区影响撤设县粮食生产的重要路径。(3)撤县设区通过加快劳动力跨地区流动以及本地就业结构改变的劳动力非农化机制,冲击了撤设县的粮食生产,即劳动力非农化也是撤县设区影响撤设县粮食生产的作用渠道。

第六章　撤县设区的外溢影响效应:非撤设县的粮食生产
——直接影响的空间溢出及其异质性

　　撤县设区作为撤设县和所在地市政府共同发起并推进的行为决策,其对粮食生产的影响除了体现在撤设县所在地之外,也会通过外溢效应影响非撤设县,而且对后者的分析也是系统评估撤县设区在粮食生产方面的政策绩效、地市层面粮食生产变化的应有内容。此外,理论上撤县设区也极有可能因区域间要素配置效率差异与流向变化等,而对其他非撤设地区的粮食生产产生外溢效应,并综合反映到地市层面。为此,本章将着重探讨撤县设区对非撤设与地级市粮食生产的外溢效应、综合效应及其内在机理。具体思路如下:

　　首先,从农地非农化与劳动力非农化的要素配置重构角度,深入阐释非撤设县粮食生产受到外溢效应的理论机制,初步探讨外溢效应可能存在的空间异质性,并提出研究假说;其次,介绍本章的研究方法、实证模型,以及对内生性问题的讨论与工具变量选择的思路等;再次,实证检验撤县设区对非撤设县粮食生产的外溢影响及其空间异质性,并通过考虑受政策冲击强度的差异以及评估地级市粮食生产受到的综合影响,进行稳健性检验;最后,分别检验撤县设区影响非撤设县粮食生产的农地非农化与劳动力非农化作用机制。

第一节　理论机制

　　本章拟从以下多个方面剖析非撤设县粮食生产核心要素(农地非农化与劳动力非农转移)可能受到撤设县的外溢影响:其一,同级政府相对绩效考核下的竞争效应;其二,撤设县与中心城区经济发展的辐射效应;其三,撤设县与中心城区经济发展的虹吸效应;其四,撤设县粮食生产的转移效应;其五,地市政府对粮食生产的调配效应。构建的理论分析框架见图6.1。

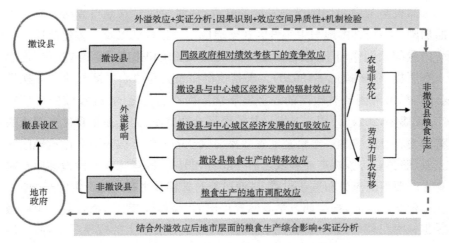

图6.1　撤县设区对粮食生产外溢影响的理论分析框架

一、同级政府相对绩效考核下的竞争效应

在我国,经济分权与政治集权的体制环境造就了地方政府间"标尺竞争"格局的确立,形成了地方官员以国内生产总值为主的相对绩效考核的晋升锦标赛(周黎安,2007;张晏,龚六堂,2005;朱军,许志伟,2018)。然而,撤县设区作为政府推动城市化建设的重要手段,深刻影响着撤设县的经济社会活动。这主要是因为撤县设区的发生打破了市区与邻近县原有的刚性行政壁垒(王贤彬,谢小平,2012),于是可以借助土地要素的扩张进一步吸引劳动力、资本等生产要素快速流向成本相对更低的撤设县,扩大撤设县的市场规模,进而提高资源配置效率以促进经济增长(Tang,Hewings,2017;卢盛峰,陈思霞,2016;邵朝对等,2016)。

已有研究也表明经济绩效的发展也正是地市与县级政府进行撤设调整的重要动力来源(叶林,杨宇泽,2017)。然而,在同一地市内部作为同级政府的非撤设县面对其他撤设县经济绩效的改善,便极有可能产生"相互攀比""相互较劲"的行为激励,因为在"晋升锦标赛"中,一方获得提升将直接降低另一方获得政治上提拔的机会(Li,2005)。于是,使得非撤设县会依据比较的结果展开"左顾右盼"式的竞争策略,尤其就可能表现为通过土地与劳动力等生产要素向非农领域集聚以争夺经济资源、实现经济扩张(杜志雄,2012),导致粮食生产弱化。

二、撤设县与中心城区经济发展的虹吸与辐射效应

撤设县与中心城区经济发展的虹吸、辐射效应对农地与劳动力非农化的加剧。撤设县本地与中心城区在交通成本大幅降低以及一体化市场和行政力量的共同作用下,原有的生产要素集聚规模和生产效率会在一定程度上有所提高(杨桐彬等,2020)。于是使得撤设县与中心城区相比于非撤设县而言,可能因具有较高的经济发展优势而产生一定的"虹吸效应"(詹新宇,曾傅雯,2021)。周边非撤设县的经济社会资源,尤其是粮食生产领域的劳动力、土地、资本等要素在配置效率与收益的差异下被吸引到撤设地区的工业、服务业等强势产业领域之后(Faber,2014),即意味着非撤设县原有粮食生产要素的流失和重新配置,进而可能对其粮食生产产生一定的影响。

但与此同时,根据西方学者佩鲁提出的"增长极"理论,撤设县与中心城区也极有可能会通过自身在人才、资本、技术等要素上的规模经济,而对周边非撤设县产生辐射带动作用。在辐射效应的带动之下,非撤设县很大程度上也会将经济发展的目光聚焦当地非农产业,采取一系列城市化倾向的经济政策,在要素配置上最主要的表现即为农地非农化与劳动力的非农转移,进而影响粮食生产。

三、撤设县粮食生产的转移效应

撤设县粮食生产的转移效应对农地与劳动力非农化的减缓。根据区际产业转移的相关理论,地区间技术水平和生产要素禀赋等因素的差异,会形成其产业结构发展阶段上的梯度,并在地区产业结构不断升级的需求下将推动一地区相对落后或不再具有比较优势的产业转移到存在产业梯度的周边地区,成为周边地区相对先进或具有相对比较优势的产业。换言之,会导致生产要素从低要素报酬率地区向高要素报酬率地区转移、从低市场容量地区向高市场容量地区转移、从高成本地区向低成本地区转移(戴宏伟,王云平,2008)。

因此,随着撤设县的产业结构调整,原有的粮食生产要素与市场,便极有可能转移到周边相对落后但更适宜发展农业产业的非撤设县,进而可能会在一定程度上有助于非撤设县粮食生产要素和产品市场效率的改善,尤其是在一定程度上减缓了农地与劳动力非农化。但由于粮食生产关键要素土地无法转移,加之粮食生产不具备类似非农部门中纺织、电子信息等明显的产业梯度特征(吴方卫,闫周府,2018),所以转移效应下撤县设区对非撤

设县粮食生产的影响式微。

四、地市政府对粮食生产的调配效应

此外,地市政府的调配效应对农地与劳动力非农化的减缓。在我国的粮食安全主体责任治理体系当中,中央政府与地方政府之间形成了分层的委托代理关系(罗万纯,2020)。具体而言,由作为粮食安全委托方的中央政府对粮食安全主体责任的考核与问责制度进行总体设计与把握,各级地方政府相关部门则作为粮食安全的代理方,逐级明确各自的目标与任务,承担属地粮食安全主体责任(罗光强,2012)。在自上而下层层分解责任的背景下,作为县级政府上一级的地市政府面对撤设县粮食生产的萎缩,并考量粮食安全的总体任务,也有可能会在地市内部、区际之间按照发挥比较优势与兼顾区域发展平衡的原则,对粮食生产进行一定的调配。

理论上,地市政府进行粮食生产调配的主要手段依赖于对耕地用途转变、作物播种面积、财政支农比例等的严格把控。但值得注意的是,粮食生产对地市政府缺乏正向激励,非撤设县作为独立运行的理性经济主体,对可能的调配同样缺乏落实的激励。因此,尽管地市政府的潜在调配行为或许会反而增加或至少维持非撤设县的粮食生产,但其相较于非撤设县主体的自发反应而言,依旧可能因缺乏激励而效果式微。

综上所述,笔者从理论上推测撤设县对非撤设县粮食生产的外溢效应,更大程度上是由同级政府相对绩效考核下的竞争效应以及撤设县与中心城区经济发展的虹吸、辐射效应所主导的,最终会表现为负向的影响,并综合反映到地市层面。基于此,提出假说 I:撤县设区负向影响非撤设县的粮食生产。

随着空间距离的增加,生产要素的流动需要付出更高的时间成本、信息成本和交通运输成本等(陈国亮和陈建军,2012)。换言之,生产要素的重新配置将会受到空间距离的制约。劳动力要素流动及其示范效应因受到与空间距离有关的迁移成本影响而具有地域性特征,资本流动也同样可能因产业集聚效应而表现出较强的地域性。除此之外,地级市政府行政边界的存在划定了地方政府权力的空间边界,也极有可能影响生产要素的自由流动。可见,一个地区经济效益、生产要素等对周边地区外溢效应的大小会受到地域限制,且一般服从于随空间距离扩大而不断衰减的规律(Lan et al.,2021)。倘若撤县设区确实影响周边非撤设县的粮食生产核心要素配置,进而对粮食生产产生外溢效应,那么该外溢效应在一定空间范围内可能是有限的,并与其空间距离呈反向关系。基于此,提出研究假说 H2:撤县设区对区域粮食生产的负向外溢效应,表现出随非撤设县到撤设县空间距离增加而减弱的空间异质性特征。

第二节 研究设计

一、模型构建

(一)外溢影响的基准回归模型

本章节仍然采用渐进双重差分法重点考察撤县设区对非撤设县粮食生产的外溢影响,在此基础上也将综合评估撤县设区对地市整体层面粮食生产的影响,以提供对前述直接影响与外溢影响的一种稳健性检验。同时,依旧选择面板数据的双向固定效应模型进行估计,基准模型设定如下:

$$Grain\_Production_{pt} = \alpha + \beta_1 treat_p \times post_{pt} + \beta_2 trest_p + \beta_3 post_{pt} + \lambda Z_{pt} + \upsilon_p + \mu_{pt} + \varepsilon_{pt} \quad (6.1)$$

$$Grain\_Production_{jt} = \alpha + \beta_1 treat_j \times post_{jt} + \beta_2 trest_j + \beta_3 post_{jt} + \lambda Z_{jt} + \upsilon_j + \mu_{jt} + \varepsilon_{jt} \quad (6.2)$$

此外,本文构建(6.3)式以检验外溢效应产生的作用机制。模型的具体形式如下:

$$M_{pt} = \alpha_3 + \beta_3 treat_p \times post_{pt} + \lambda_3 Z_{pt} + \upsilon_p + \mu_{pt} + \varepsilon_{pt} \quad (6.3)$$

式中,p 表示非撤设县,j 表示地级市。$Grain\_Production_{pt}$、$Grain\_Production_{jt}$ 分别表示非撤设县 p、地级市 j 在第 t 年的粮食生产状况。$treat_p$、$treat_j$ 为地区虚拟变量,分别表示非撤设县 p、地级市 j 是否受到撤县设区政策冲击。$post_{pt}$、$post_{jt}$ 分别表示非撤设县 p、地级市 j 受到撤县设区政策冲击时间节点的虚拟变量。(6.3)式中,M_{pt} 表示撤县设区产生外溢效应的机制变量,其他变量与参数解释同(6.1)式。Z_{pt}、Z_{jt} 为其他影响非撤设县、地级市粮食产量的控制变量,包括生产要素投入、气候环境、宏观经济环境等。υ_p、υ_j 表示地区固定效应,以捕捉反映个体异质性且不随时间变化的因素,如自然条件、区位条件等。μ_{pt}、μ_{jt} 表示年份固定效应,以控制随时间变化而不随地区个体变化的各种因素,如宏观层面的经济波动等外生冲击。ε_{pt}、ε_{jt} 为误差项。α_1、α_2、α_3 为常数项。β_1、β_2、β_3 为本文关注的核心待估参数。

值得注意的是,鉴于在识别非撤设县受到的外溢效应及在此之下地市层面受到的综合效应过程中,撤县设区依然面临双向因果、遗漏变量、样本选择偏误等问题引致的内生性。为此,本章节的研究中仍将为撤县设区这一核心解释变量选择恰当的工具变量以处理模型内生性问题,并深化对文章主题的理解。其中,外溢效应下非撤设县层面的工具变量选择与前文相一致,此处不再复述。综合效应下地市层面工具变量的选择也遵循类似的内在逻辑:先是从行政等级维度(地级市是否为国家级城市群)、空间距离维度(地级市距离所在省会的距离)、政区内部结构维度(地级市内撤县设区发生率)选取备选工具变量。在此基础上,构造既随时间变化,也随地区变化的交互项作为适用面板数据结构的工具变量:地级市距离所在省会的距离(地级市内撤县设区发生率,地级市是否为国家级城市群×时间趋势项。最后,将工具变量纳入模型并采用2SLS方法进行估计。根据理论预期,上述工具变量均与撤县设区的发生存在相关性,同时不直接影响粮食产量,可以满足工具变量有效性的两个条件(更为严谨的检验见实证结果)。

(二)外溢效应的平行趋势检验

鉴于使用双重差分估计方法得出真实因果处理效应的重要前提条件是,在政策执行之前处理组与对照组的粮食产量趋势不存在系统性差异,或者存在差异,差异也是固定的,即需要符合平行趋势假设。为检验趋势是否成立,本书采用事件分析法构建模型(6.4)式进行检验。

$$Grain\_Production_{pt} = \alpha_4 + \prod_{k \geqslant -11, k \neq -1}^{14} \beta_k D_{pt}^k + \lambda_4 Z_{pt} + \upsilon_p + \mu_{pt} + \varepsilon_{pt} \quad (6.4)$$

在(6.4)式中,D_{pt}^k为撤县设区实施这一事件的虚拟变量。检验的基本思路是:如果在控制了诸多因素之后,非撤设县粮食产量的下降源于撤县设区事件的发生,则在撤县设区实施之前处理组和对照组在粮食产量的变动趋势上不会显著变化。换言之,如果平行趋势假设满足,则在政策实施当年之前的β_k不应显著。此外,相较于模型(1)仅估计了撤县设区影响非撤设县粮食产量的平均处理效应,通过将政策干预时点后移,便可以同时利用估计系数β_k捕捉政策干预后各年份处理效应的动态变化。假设非撤设县j受到撤县设区事件冲击的年份为y_p,令$k=t-y_p$;当$k\leqslant-11$时,$D_{pt}^{-11}=1$,否则为0;以此类推,当$k\leqslant-11,-10,\cdots,14$时,相应的$D_{pt}^k=1$,否则为0;当$k\geqslant14$时,$D_{pt}^{14}=1$,否则为0。在具体的回归分析中,为避免虚拟变量的多重共线性,参照标准做法以政策实施前一年为基准组,因此,模型(6.4)式中并无D_{pt}^{-1}这个虚拟变量。

(三)外溢效应的空间异质性模型

此外,为刻画撤县设区外溢效应的空间异质性,本部分也将进一步纳入距离变量进行考察,并且不限定非撤设县与撤设县必须处于同一地级市内。参考王雄元和卜落凡(2019),设定如下模型加以检验:

$$Grain\_production_{pt} = \alpha + \beta did_{pt} + \sum_{s=m}^{n} \delta_s N_{pt}^s + \lambda Z_{pt} + \upsilon_p + \mu_{pt} + \varepsilon_{pt} \quad (6.5)$$

式(6.3)在式(6.1)的基础上引入了一组新的控制变量 N_{pt}^s。其中,参数 s 表示县域间的地理距离(单位为公里, $s \geq m$),本书用任意两个县域间的球面距离来衡量。具体而言,如果在 t 年距离县域 $p(s-m,s]$ 的空间范围内存在撤设县,那么 $N_{pt}^s = 1$,否则 $N_{pt}^s = 0$。例如, N_{pt}^m 表示 t 年在距离县 p 不超过 m 公里的空间范围内是否存在撤设县。因此,变量 N_{pt}^s 的系数 δ_s 衡量了撤县设区实施后对周边邻近县域粮食生产的影响,在具体的回归分析中,本书结合实证样本,考虑以 50 公里为单位,分别报告了当 $s = 50,100,\cdots,350,400,450$ 时式(6.3)的回归结果,并通过比较不同阈值下参数 δ_s 的经济与统计显著性来检验撤县设区政策效应的空间异质性。

本部分将采用 2004—2020 年全国 25 个省级单位 314 个地级市单位的 1797 个县级单位的面部数据研究撤县设区对非撤设县粮食生产的外溢影响(样本起始年份的选择缘由与上一章节相同),以及地级市粮食生产的综合影响。

二、变量说明

1. 被解释变量:粮食生产。参考已有研究(例如张琛和孔祥智,2017),本书选取粮食产量刻画以粮食生产情况。数据主要来源于各省份统计年鉴中的县域数据,未公开与缺失的数据根据各地级市或县域统计年鉴予以补充。

2. 核心解释变量:撤县设区政策冲击。(6.1)式、(6.3)式、(6.4)式、(6.5)式中,若该非撤设县隶属的地级市存在撤设县, $treat_p$ 赋值为 1,否则为 0;将该非撤设县隶属地级市内最早发生撤县设区的年份作为该县政策冲击的起始年份,若在最早发生撤县设区的当年及之后, $post_{pt}$ 赋值为 1,否则为 0。需特别指出的是,为干净识别撤县设区的外溢效应及其机制,本书在实际回归中将发生撤并的样本县予以剔除[①]。(6.3)式中,若该地级市辖区内有发生撤县设区, $treat_j$ 赋值为 1,否则为 0;将该地级市内最早发生撤县设区的年份作为地级市受政策冲击的起始年份,若在最早发生撤县设区的当年及之后, $post_{jt}$ 赋值为 1,否则赋值为 0。本书所关注的核心解释变量撤县设区政策冲击为政策分组虚拟变量与政策时间虚拟变量的交叉项。

---

① 最终参与回归估计的样本为覆盖 25 个省级单位 304 个地市单位的 1684 个县级单位,其中,作为处理组的为 91 个(发生撤并)地级市单位内部的 440 个非撤设县。

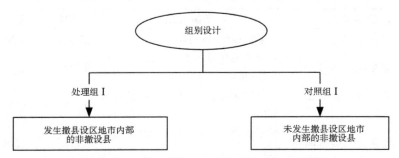

图6.2 撤县设区对粮食生产外溢影响的组别设计

3. 机制变量:(6.4)式中的 M_{pt} 为撤县设区对非撤设县粮食生产造成外溢效应的机制变量。根据相关理论与已有文献,本书聚焦作为粮食生产核心要素的农地与劳动力,从其数量与结构变化的角度选取耕地用途非农化、耕地种植结构非粮化、劳动力跨地区流动、本地就业结构改变四类机制变量。相关变量的具体测度见后文机制检验部分。

4. 控制变量:参考已有研究(伍骏骞等,2017),本书选取的控制变量主要聚焦以下三个维度:生产要素投入,包括粮食作物播种面积、化肥施用折纯量、农业机械总动力;气候环境条件,包括年降水量、年平均气温;宏观经济情况,包括年末户籍总人口、财政负担、产业结构。以上所涉及的生产要素投入、宏观经济情况数据主要来源于《中国区域经济统计年鉴》《中国城市统计年鉴》《中国城市建设统计年鉴》《中国县(市)社会经济统计年鉴》和《中国县域统计年鉴(县市卷)》,缺失部分通过查询各县(市)统计年鉴与国民经济和社会发展统计公报收集补足。气候环境条件数据来自国家气象科学数据中心[1]。

表6.1给出了本部分所涉及的变量赋值与统计特征。

---

① 国家气象信息中心—中国气象数据网,http://data.cma.cn。

表6.1　撤县设区外溢影响涉及的变量说明与描述性统计

	变量名称	变量含义	均值	标准差
县级数据	粮食生产	当年粮食产量(万吨)	27.688	30.985
	撤县设区政策冲击	是否为发生撤并地级市内的非撤设县：是=1；否=0	0.111	0.314
	粮食作物播种面积占比	粮食作物播种面积/农作物总播种面积	0.671	0.177
	经济作物播种面积	当年播种的经济作物面积(万公顷)	0.223	0.206
	乡村从业人员数	当年乡村从业人员数(万人)	22.058	16.936
	县内乡外外出从业人数	当年在所属县内、本乡镇外从业的人员(万人)	1.927	1.053
	省内县外外出从业人数	当年在所属省内本县外从业的人员(万人)	3.170	1.790
	乡村农林牧渔业从业人数	当年乡村从事农林牧渔业的人员(万人)	11.949	9.143
	第二、三产业外出从业人数	当年在户籍所在乡镇外从事二、三产业的人员数(万人)	12.434	6.117
	农业机械总动力	当年农业机械总动力(万千瓦)	39.853	39.383
	化肥施用折纯量	当年用于农业生产的化肥数量(万吨)	2.363	2.487
	粮食作物播种面积	当年播种的粮食作物面积(万公顷)	50.414	47.927
	年降水量	当年平均降水量(毫米)	940.338	517.060
	年平均气温	当年平均气温(摄氏度)	13.769	5.120
	年末户籍总人口	当年年末户籍人口数(万人)	48.877	35.285
	财政负担	(一般财政预算支出–一般财政预算收入)/一般财政预算收入	5.328	7.989
	产业结构	100×第一产业增加值/地区生产总值	0.221	0.177
地级市数据	粮食生产	当年粮食产量(万吨)	224.085	207.880
	农业机械总动力	当年农业机械总动力(万千瓦)	343.091	400.691
	化肥施用折纯量	当年用于农业生产的化肥数量(万吨)	19.287	15.807
	粮食作物播种面积	当年播种的粮食作物面积(万公顷)	41.076	32.954
	年度平均降水量	当年平均降水量(毫米)	937.041	509.916
	年度平均气温	当年平均气温(摄氏度)	13.839	5.008

变量名称	变量含义	均值	标准差
年末总人口	当年年末户籍人口数(万人)	456.3	263.438
财政负担	(一般财政预算支出-一般财政预算收入)/一般财政预算收入	2.869	4.274
产业结构	100×第一产业增加值/地区生产总值	0.150	0.100
城市建设用地面积	当年用于城市建设的土地面积(平方公里)	88.982	89.889

注:模型实际回归中,除离散变量,其余变量均先加上一单位然后再取对数,即 ln(真实值+1)。

第三节　基准回归结果与空间异质性特征分析

前文的理论分析认为,撤县设区会通过同级政府相对绩效考核下的竞争效应、撤设县与中心城区经济发展的虹吸与辐射效应、撤设县粮食生产的转移效应及地市政府的调配效应对非撤设县产生外溢影响,并推断其中占主导作用的竞争效应、虹吸与辐射效应最终会给非撤设县粮食生产带来负向的外溢影响,且这一外溢影响极有可能具有空间异质性。上述理论猜想有赖于经验层面的科学分析,为此,本部分将实证检验撤县设区对于非撤设县粮食生产的外溢效应,并进一步考察外溢影响的空间异质性。

一、撤县设区对非撤设县粮食生产的外溢影响

表 6.2 中分别报告了撤县设区对非撤设县当年粮食产量及三年内粮食产量均值影响的基准回归结果,并且出于对不可忽视的内生性问题的考虑,我们也将工具变量纳入模型进行估计,并以工具变量的估计结果作为最终的解释依据。回归结果表明,在控制内生性问题后,撤县设区的回归系数仍在 1% 的显著性水平上为负,这表明撤县设区对同一地市内非撤设县粮食生产的外溢影响表现为显著的负向冲击,与我们的理论预期相一致。可见,即便是未经历撤设的县域,若其所在地市内发生了撤设,也需要警惕撤设县对其粮食生产带来的负面外溢影响。此外,针对工具变量有效性检验的经验指标也表明不存在弱工具变量问题,且通过了外生性检验,于是在佐证了工具变量合理有效的同时,验证了前文假说 I。

表6.2 非撤设县的粮食生产:基准回归结果

	被解释变量:粮食产量			
	基准 DID		带有工具变量的 DID	
	当年粮食产量		三年内粮食产量均值	
	(1)	(2)	(3)	(4)
撤县设区	−0.014***	−0.011**	−0.042***	−0.029***
	(0.004)	(0.004)	(0.014)	(0.009)
控制变量	√	√	√	√
年份固定效应	√	√	√	√
县市固定效应	√	√	√	√
不可识别检验P值	—	—	0.0000	0.0000
过度识别检验P值	—	—	0.934	0.550
弱工具变量检验F值	—	—	31.335	31.426
常数项	√	√	√	√
样本量	19138	17624	18058	16544
R2	0.981	0.986	0.454	0.392

注:括号内为聚类到地市层面的稳健标准误,*、**和***分别代表10%、5%和1%的显著性水平。符号"√"表示对应变量在模型中予以控制。本章后文模型回归表格中如无特殊说明,与此处相同。

根据模型(6.4)式,图6.3中绘制了撤县设区估计系数及其95%的置信区间,以直观考察撤县设区政策的平行趋势和动态效应。可以发现,处理组与对照组在事件发生之前的粮食生产变动趋势没有显著的系统性差异,即满足平行趋势假设检验,表明符合双重差分使用的前提。且在动态效应上,估计结果显示,撤县设区对非撤设县粮食生产的外溢效应总体上表现出随时间推移逐渐增强的特征,直到撤县设区事件发生的第9年开始,撤县设区对非撤设县粮食生产的外溢效应开始不再显著。

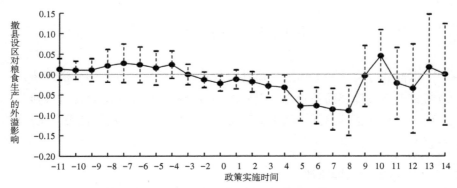

图6.3　撤县设区外溢效应的平行趋势检验

二、空间异质性分析

根据前文理论分析,非撤设县粮食生产受到的外溢效应可能存在空间异质性,即其受到影响的具体程度与非撤设县到最近撤设县的空间距离有关。鉴于此,本书进一步纳入距离变量刻画外溢效应的空间异质性。图6.3在95%的置信水平上绘制了(6.3)式估计结果中变量系数随空间距离的变动趋势。从图6.4可以发现,在一段距离内非撤设县粮食生产受到的外溢效应为负且较为显著,但随着非撤设县到撤设县的距离不断增加,其受到的外溢效应逐渐减弱,验证了前文假说Ⅱ。

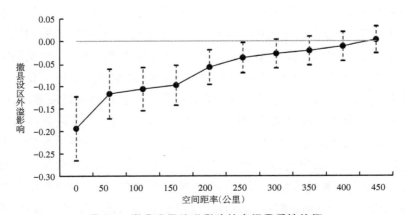

图6.4　撤县设区外溢影响的空间异质性特征

第四节　稳健性检验

本部分分别从考虑地区异质性与政策冲击强度差异后的外溢影响,以及考察地市整体层面粮食生产受到的综合影响两个角度进行稳健性检验,从而进一步加强基准回归结果的可信度,并加深对撤县设区在粮食生产政策绩效方面的了解。

一、考虑地区异质性

中央政府在县域间划定了差异化的粮食安全责任(李宁,周琦宇,2022),对于承担不同程度粮食生产责任的非撤设县而言,其粮食生产受到撤县设区的外溢冲击可能会表现出异质性。为此,本书根据非撤设县是否属于国定产粮大县对县域进行分组回归。表 6.3 中(1)列和(2)列的估计结果显示,非产粮大县粮食生产受到撤县设区的外溢效应显著为负,而产粮大县粮食生产受到的外溢效应虽然为负,但不显著。这可能是因为,尽管撤县设区导致的生产要素流动给周边产粮大县的粮食生产造成了一定冲击,但由于产粮大县承担着更重的粮食生产责任,当地政府和上级政府会相对更为严格地把控其粮食产量目标的完成情况。

此外,由于不同地区的经济发展水平存在差异,不同地方政府对经济发展与粮食安全保障双重发展目标的权衡和侧重也将有所不同。因此,本书进一步对东、中部发达地区和西部欠发达地区进行分样本回归,回归结果见表 6.3 中(3)列和(4)列。估计结果显示,西部欠发达地区粮食生产受到撤县设区的外溢效应显著为负,东、中部地区受到的外溢效应为负但不显著。这意味着:总体上,撤县设区对非撤设县的粮食生产存在负向外溢效应,但这一外溢效应存在地区异质性,即西部欠发达地区粮食生产受到撤县设区政策冲击的外溢效应显著强于东、中部发达地区。出现该现象可能的原因在于:相较于东、中部发达地区而言,西部地区的经济体量、财政收入等明显滞后,因而当西部地区地级市内部有县域发生撤并后,其周边非撤设县的当地政府在"晋升锦标赛"中追求地区生产总值增长的激励更为强烈,尤其可能通过引导大量土地向非农产业聚集以争夺资源、实现增长,进而导致粮食生产被显著削弱。以上检验结果均在一定程度上与前文的理论分析相互印证。

表6.3　考虑地区异质性情况下的稳健性检验

	考虑地区粮食生产责任异质性的分样本回归		考虑地区经济发达程度异质性的分样本回归	
	（1）	（2）	（3）	（4）
	非产粮大县	产粮大县	东、中部发达地区	西部欠发达地区
撤县设区冲击	−0.082***	−0.007	−0.005	−0.156***
	（0.020）	（0.019）	（0.025）	（0.056）
控制变量	√	√	√	√
年份固定效应	√	√	√	√
地区固定效应	√	√	√	√
不可识别检验p值	0.000	0.000	0.000	0.000
过度识别检验p值	0.4926	0.2975	0.2856	0.7742
弱工具变量检验F值	1544.681	1373.621	1493.676	624.575
常数项	√	√	√	√
观测值数	11090	6599	5961	7197
R2	0.503	0.274	0.541	0.282

二、考虑政策冲击强度的差异

尽管上一小节探讨了撤县设区对非撤设县粮食生产外溢影响的空间异质性，但需要注意的是，不同撤设县的粮食产能及其所在地级市内部政区数量与区县结构等方面的明显差异，会使得常规DID模型中单纯通过0-1二分法来刻画非撤设县受撤设县的外溢影响，不足以充分反映不同处理组处理程度的差异。那么，为了获得更为稳健、可靠的估计结果，本部分拟参考Lu和Yu（2015）、Liu和Qiu（2016）等人的做法，借鉴连续DID模型的思路引入连续型变量，反映撤县设区外溢影响的冲击强度差异，并获得相对更为干净、准确的因果处理效应，构建识别外溢影响的模型（6.4）：

$$Grain\_Production_{pt} = \alpha + \beta shock_p \times post_{pt} + \lambda Z_{pt} + \upsilon_p + \mu_{pt} + \varepsilon_{pt} \quad (6.4)$$

式中，$shoch_p$表示非撤设县p受到撤设外溢影响的冲击强度。结合前文对外溢效应作用机制的分析，综合考量撤设县发生次数、各撤设县粮食产能、地市内部政区结构及地市内部可能存在的调配、转移效应等情况，本书从考虑产能冲击强度、考虑区划数量冲击强度，到同时考虑产能与区划数量冲击强度等不同的识别策略入手，分别对每种策略下非撤设县受到的政策冲击强度变量加以详细说明,并给出相应的赋值方式(见下表6.4)。

表6.4 非撤设县受到影响的冲击强度测度

强度的识别策略	变量说明
	对非撤设县的外溢冲击
考虑产能冲击强度	所有发生撤设县粮食总产能占地市粮食产能比重的滞后一期
考虑区划数量冲击强度	当年剩余市辖总县数的倒数
同时考虑产能与区划数量冲击强度	所有发生撤设县粮食总产能占地市粮食产能比重的滞后一期(当年剩余市辖总县数的倒数)

注:以上变量赋值时均为每年生成的对应变量。

在对政策冲击强度进行充分刻画的基础上,表6.5中分别汇报了不同强度识别策略下,不考虑内生性与处理内生性问题后的模型回归结果。(1)~(6)列的估计系数均为负,且在1%的水平上显著,表明不论是考虑产能冲击强度、数量冲击强度还是同时考虑两种强度,撤县设区对非撤设县的粮食生产均产生了显著的负向外溢影响。于是,结合前文的理论分析,也就说明了即便是撤设后地市内部存在自发的粮食生产调配行为或者说县域间粮食生产的转移效应,非撤设县的粮食生产依旧受到了撤设县外溢的削弱作用。这进一步佐证了本书基本结论的稳健、可靠。

表6.5 非撤设县的粮食生产:考虑冲击强度

	被解释变量:粮食产量					
	基准 DID			带有工具变量的 DID		
	考虑产能冲击强度	考虑数量冲击强度	同时考虑两种强度	考虑产能冲击强度	考虑数量冲击强度	同时考虑两种强度
	(1)	(2)	(3)	(4)	(5)	(6)
撤县设区冲击强度	-0.221***	-0.134***	-0.620***	-0.344***	-0.295***	-0.588***
	(0.030)	(0.024)	(0.088)	(0.099)	(0.087)	(0.143)
控制变量	√	√	√	√	√	√
年份固定效应	√	√	√	√	√	√
县市固定效应	√	√	√	√	√	√
不可识别检验P值	—	—	—	0.0000	0.0000	0.0000

被解释变量：粮食产量

	基准DID			带有工具变量的DID		
	考虑产能冲击强度 (1)	考虑数量冲击强度 (2)	同时考虑两种强度 (3)	考虑产能冲击强度 (4)	考虑数量冲击强度 (5)	同时考虑两种强度 (6)
过度识别检验P值	—	—	—	0.897	0.660	0.128
弱工具变量检验F值	—	—	—	27.893	24.813	216.719
常数项	√	√	√	√	√	√
样本量	19016	19024	19016	17936	17944	17936
R2	0.981	0.981	0.981	0.455	0.454	0.455

三、撤县设区对地市层面粮食生产的综合影响

在相继检验了撤县设区直接效应与外溢效应的基础之上，本部分也将进一步考察地市整体层面粮食生产受到的影响。鉴于地市层面受到撤县设区的冲击同样可能因撤设县的粮食产能及地市内部政区数量结构等方面的异质性而存在差异，为此，本处在模型(6.2)的基础上，仍将进一步构建便于充分刻画政策冲击强度的连续DID模型，以识别地市层面粮食生产受到的综合影响：

$$Grain\_Production_{jt} = \alpha + \beta shock_j \times post_{jt} + \lambda Z_{jt} + \upsilon_j + \mu_{jt} + \varepsilon_{jt} \quad (6.6)$$

式中，$shock_j$表示地级市j受到撤县设区综合影响的冲击强度，其具体的测度思路参考上一小节中对非撤设县受到政策冲击强度的考量，赋值方式见表6.6。

表6.6 地级市受到影响的冲击强度测度

强度的识别策略	变量说明 地市层面受到的总体冲击
考虑产能冲击强度	所有发生撤设县粮食总产能占地市粮食产能比重的滞后一期
考虑区划数量冲击强度	撤设总县数占地市县级政区数的比重
同时考虑产能与区划数量冲击强度	所有发生撤设县粮食总产能占地市粮食产能比重的滞后一期(撤设总县数占地市县级政区数的比重)

注：以上变量赋值时均为每年生成的对应变量。

进一步地,本部分在表6.7中分别汇报了采用基准DID、带有工具变量DID模型时各种强度赋值方式下地级市粮食生产受到的综合影响情况,并在(1)~(5)两列也保留了不考虑政策冲击强度的模型估计结果。估计结果显示,无论是否考虑冲击强度的差异,以及基于何种维度考虑的冲击强度下,撤县设区的回归系数均至少在10%的水平上负向显著,说明撤县设区对撤设县粮食生产的直接影响与非撤设县粮食生产的外溢影响综合反映到地市层面依然表现为削弱的作用,换言之,撤县设区的发生显著降低了所在地级市的粮食产量。上述研究结论与我们的理论预期一致,且从侧面印证了前文对撤县设区直接影响与外溢影响模型估计结果的稳健性。

表6.7　撤县设区对地级市粮食生产的影响

	被解释变量:粮食产量							
	基准 DID				带有工具变量的 DID			
	不考虑冲击强度	只考虑产能强度	只考虑数量强度	同时考虑两种强度	不考虑冲击强度	只考虑产能强度	只考虑数量强度	同时考虑两种强度
	(1)	(2)	(3)	(4)	(5)	(6)	(7)	(8)
撤县设区	−0.021**				−0.035**			
	(0.010)				(0.015)			
撤县设区冲击强度		−0.143***	−0.115**	−0.290***		−0.536*	−0.144**	−0.988*
		(0.049)	(0.041)	(0.074)		(0.279)	(0.062)	(0.594)
控制变量	√	√	√	√	√	√	√	√
年份固定效应	√	√	√	√	√	√	√	√
县市固定效应	√	√	√	√	√	√	√	√
不可识别检验P值	—	—	—	—	0.001	0.079	0.004	0.046
过度识别检验P值	—	—	—	—	0.400	0.382	0.372	0.694
弱工具变量检验F值	—	—	—	—	200.415	40.201	101.831	48.516
常数项	√	√	√	√	√	√	√	√
样本量	4625	4046	4046	4046	3995	3492	3492	3492
R2	0.992	0.992	0.992	0.992	0.648	0.662	0.669	0.663

第五节 机制分析

前文已从外溢影响的最终效果入手,检验并明确了撤县设区对非撤设县乃至地市层面粮食生产的负向影响,本节的重点则在于,通过从经验层面进一步剖析非撤设县粮食生产核心要素(农地非农化与劳动力非农化)的配置变化,深入透视非撤设县与地级市粮食生产受到影响的作用机制。

一、农地非农化机制

(一)耕地用途转变

撤县设区的发生改善了地区资源配置效率、优化了产业结构空间布局、提升了区域经济一体化等(邵朝对等,2018;丁焕峰等,2020;李恕宏,2012;Fan等,2012),从而会对撤设县本地及地级市整体的经济发展绩效起到积极的正向作用。也正因为此,结合前文的理论分析,非撤设县在同级政府相对绩效考核下的竞争效应、撤设县与中心城区经济发展的虹吸与辐射效应的综合影响之下,均可能使得原有粮食生产的土地要素转变为城市建设用地,即耕地用途发生转变。并且,尽管这一用途的转变可能因撤设县粮食生产的转移效应与地市政府的调配效应受到一定的抑制作用,但理论上这一抑制作用影响式微。

从前文理论分析来看,撤县设区能改善地区资源配置效率、优化产业结构空间布局(王禹澔和张恩,2021),进而会对撤设县本地及其所在地级市的经济发展绩效起到积极作用,使得非撤设县农地要素配置受到影响。为此,本部分首先在表6.9(1)列和(2)列的回归中实证检验撤县设区对撤设县经济发展的影响,参照余泳泽等(2020)的做法,采用夜间灯光亮度[①]、产业结构作为反映该县级单位经济发展绩效情况的指标。估计结果显示,撤县设区政策冲击的确提高了撤设县的经济发展绩效,且无论是在统计学还是经济学意义上,这一影响均显著。

接着,在表6.8(3)列和(4)列的回归中进一步检验撤县设区对地级市城市建设用地面积的影响。估计结果显示,无论是否考虑冲击强度,撤县设区政策冲击均在1%显著性水平上促进了城市建设用地面积的提高。实践中,城市建设用地面积的扩张主要来自对耕地即农业用地的占用。此外,为进一步提高机制分析结果的可信度,本书借鉴已有文献的通常做法,采用中介

---

① 资料来源:美国国家航天航空局,https://disc.gsfc.nasa.gov/datasets。

效应逐步法进行回归,并汇报了Sobel检验结果。为稳健起见,表6.8中还分别汇报了不考虑撤县设区对非撤设县政策冲击强度差异,以及同时考虑两种政策冲击强度差异情形下的估计结果。从表6.8(5)~(8)列的检验结果可以发现,无论是否考虑撤县设区政策冲击强度差异,将粮食作物播种面积作为机制变量纳入模型的回归结果均显示,撤县设区政策冲击显著削弱了非撤设县的粮食作物播种面积。Sobel检验的结果也表明中介效应显著。可见,耕地用途非农化的确是撤县设区对非撤设县粮食生产产生外溢效应的作用机制。

表6.8　撤县设区外溢影响的耕地用途非农化机制

	撤设县样本		地级市样本		地级市内非撤设县样本			
	夜间灯光亮度	产业结构	城市建设用地面积		粮食作物播种面积	粮食产量	粮食作物播种面积	粮食产量
			不考虑冲击强度	考虑两种冲击强度	不考虑冲击强度	不考虑冲击强度	考虑两种冲击强度	考虑两种冲击强度
	(1)	(2)	(3)	(4)	(5)	(6)	(7)	(8)
撤县设区	0.463***	0.966***	0.215***		−0.027***		−2.995***	
	(0.111)	(0.293)	(0.074)		(0.009)		(1.034)	
撤县设区冲击强度				6.531***		−0.041***		−5.566***
				(1.632)		(0.010)		(1.260)
粮食作物播种面积						0.900***		0.883***
						(0.044)		(0.060)
控制变量	√	√	√	√	√	√	√	√
Sobel检验					z=−2.968*** (p值=0.003) 中介效应显著		z=−2.842*** (p值=0.004) 中介效应显著	
常数项	√	√	√	√	√	√	√	√
观测值	19352	22620	3663	3255	18058	18058	17936	17936
R2	0.077	0.024	0.065	−0.220	0.075	0.447	0.010	0.343

(二)耕地种植结构非粮化

与上一小节理论逻辑相类似,在土地要素重构方面,撤县设区也极有可能会通过对非撤设县作物种植结构方面的外溢效应,而影响其粮食生产。于是,在表6.9中分别汇报了不考虑冲击强度与同时考虑产能与数量冲击强度时非撤设县粮食作物播种面积占比受到的影响。估计结果显示,无论是否考虑冲击强度,亦即是否将地市内部可能存在的调配、转移效应纳入模型,撤县设区的发生均减少了非撤设县粮食作物播种面积的占比,且均在1%的水平上显著。这一研究结论与我们的理论预期相一致,即撤县设区会通过加剧非撤设县对耕地的非粮化利用,而对其粮食生产产生负向的外溢影响。

在农地要素重构方面,撤县设区理论上也极有可能影响非撤设县耕地种植结构,进而对其粮食生产产生外溢效应。为此,借鉴已有研究做法(如,罗必良等,2018),采用经济作物播种面积和粮食作物播种面积的占比来表征耕地种植结构调整。表6.9(1)列、(3)列、(5)列、(7)列汇报了撤县设区影响非撤设县耕地种植结构的回归结果。估计结果显示,无论是否考虑撤县设区的政策冲击强度差异,撤县设区政策冲击均在1%的水平上显著增加经济作物播种面积占比、削弱粮食作物播种面积占比,即加剧了非撤设县耕地种植结构的非粮化调整。与此同时,为增强机制分析研究结论的可信度,同样汇报了逐步法及Sobel检验的估计结果。表6.9(2)列、(4)列、(6)列、(8)列分别为将机制变量纳入基准模型(2)式后的估计结果,可以发现,撤县设区政策冲击至少在10%的统计水平上显著且估计系数为负。同时,Sobel检验结果表明中介效应显著。综合以上结果可以发现,耕地种植结构调整也是撤县设区对非撤设县粮食生产产生外溢效应的重要渠道。

表6.9　撤县设区外溢影响的种植结构调整机制

	不考虑冲击强度		考虑两种冲击强度		不考虑冲击强度		考虑两种冲击强度	
	(1)	(2)	(3)	(4)	(5)	(6)	(7)	(8)
	经济作物播种面积	粮食产量	经济作物播种面积	粮食产量	粮食播种面积占比	粮食产量	粮食播种面积占比	粮食产量
撤县设区冲击	0.086*** (0.013)	−0.038** (0.016)			−0.046*** (0.007)	−0.074* (0.038)		
撤县设区冲击强度			2.232*** (0.419)	−1.700*** (0.466)			−1.449*** (0.234)	−4.390*** (0.757)
经济作物播种面积	—	−0.188*** (0.014)	—	−0.190*** (0.014)	—	—	—	—
粮食作物播种面积占比	—	—	—	—	—	1.895***	—	1.885***

	不考虑冲击强度		考虑两种冲击强度		不考虑冲击强度		考虑两种冲击强度	
	(1)	(2)	(3)	(4)	(5)	(6)	(7)	(8)
	经济作物播种面积	粮食产量	经济作物播种面积	粮食产量	粮食播种面积占比	粮食产量	粮食播种面积占比	粮食产量
					(0.156)		(0.102)	
控制变量	√	√	√	√	√	√	√	√
Sobel检验	z=-5.934*** （p值=0.000） 中介效应显著		z= -4.959*** （p值=0.000） 中介效应显著		z= -5.780*** （p值=0.000） 中介效应显著		z= -5.871*** （p值=0.000） 中介效应显著	
常数项	√	√	√	√	√	√	√	√
观测值数	16429	16429	16364	16364	16429	16429	16364	16364
R2	0.028	0.112	0.013	0.112	−0.046	0.276	−0.150	0.222

二、劳动力非农化机制

(一)劳动力跨地区流动

非撤设县在撤设县的各种外溢效应综合影响之下,不仅会引致原粮食生产的土地要素变化(耕地用途转变与种植结构调整),同时也极有可能会加剧劳动力的非农化,进而导致当地粮食生产的弱化。本节则主要聚焦非撤设县的劳动力跨地区流动作用机制。针对测度劳动力跨地区流动的变量选取,本书不仅采用"县内乡外外出劳动力"和"省内县外外出劳动力"指标直接刻画[1],也通过"乡村从业人员数"从侧面进行表征。

从表6.10(1)~(4)列的回归结果可以发现,撤县设区政策冲击在1%的水平上显著促进了非撤设县县内乡外外出劳动力数的增加,以及省内县外外出劳动力数的减少。出现这一结果的原因可能在于,撤县设区的发生可能会对非撤设县非农就业市场的建设与发展产生正向的外溢效应。尽管省内县外外出劳动力指标无法区分劳动力流动方向的地级市边界,但是撤县设区影响显著为负的结果依然从侧面佐证了前文的理论分析。(5)列、(7)列汇报了将乡村从业人员数作为被解释变量的回归结果,结果显示,撤县设区政策冲击的估计结果同样在1%水平上显著且系数为负,说明撤县设区对非

---

[1] 需要说明的是,在目前政府公开的社会经济统计数据中,只有湖北省在历年《湖北农村统计年鉴》中完整公布了县(市、区)级层面的乡村劳动力流动数据,故在涉及劳动力流动变量的估计模型中,所采用的样本只包括湖北省数据。

撤设县的劳动力跨地区流动产生了外溢影响,使得非撤设县的乡村从业人员数显著减少。此外,与前文机制检验的思路相类似,从表6.10中采用的逐步法和Sobel检验估计结果来看,撤县设区政策冲击和乡村从业人员数的估计结果均在1%水平上显著,Sobel检验结果的z值也在至少5%的水平上显著。这进一步佐证了劳动力跨地区流动机制是撤县设区对非撤设县粮食生产产生外溢效应的重要机制。

表6.10 撤县设区外溢影响的劳动力跨地区流动机制

	不考虑冲击强度		考虑两种冲击强度		不考虑冲击强度		考虑两种冲击强度	
	(1)	(2)	(3)	(4)	(5)	(6)	(7)	(8)
	县内乡外外出劳动力	省内县外外出劳动力	县内乡外外出劳动力	省内县外外出劳动力	乡村从业人员数	粮食产量	乡村从业人员数	粮食产量
撤县设区冲击	0.183*** (0.045)	−0.104*** (0.038)			−0.081*** (0.026)	−0.241*** (0.053)		
撤县设区冲击强度			4.234*** (1.013)	−2.391*** (0.875)			−1.933*** (0.627)	−1.122*** (0.280)
乡村从业人员数					0.144*** (0.036)		0.036** (0.013)	
控制变量	√	√	√	√	√	√	√	√
Sobel检验					z=−2.458*** (p值=0.005) 中介效应显著		z=−2.150** (p值=0.032) 中介效应显著	
常数项	√	√	√	√	√	√	√	√
观测值	696	696	696	696	17064	17064	17047	17058
R2	0.102	0.042	0.107	0.043	0.028	0.381	0.010	0.380

(二)本地就业结构改变

前文的理论分析中指出,面临撤县设区冲击后周边县域的劳动力要素可能会基于配置效率与收益的差异流向非农产业,进而可能对地区粮食生产形成外溢的负向影响。鉴于此,本部分进一步检验本地就业结构改变这一作用机制。考虑到从事狭义农业产业的劳动力人数较难直接获取,本书借鉴已有研究的常用做法(如,苏昕和刘昊龙,2017),选取"乡村农林牧渔业从业人员数"来表征农业劳动力的数量,同时采用"第二三产业外出从业人员"指标从侧面加以刻画,共同反映本地就业结构的变动。根据表6.11(1)列、(3)列、(5)列、(6)列的估计结果,无论是否考虑撤县设区冲击的强度差异,撤县设区政策冲击均在1%统计水平上显著减少了非撤设县的乡村农林牧渔业从业人员数,增加了第二三产业的外出从业人员数,这一结论与理论预期相一致。同时,(2)列与(4)列中,逐步法与Sobel检验的回归结果显示,本地就业结构改变在撤县设区对非撤设县粮食生产的外溢效应中起到了中介作用。可见,本地就业结构由农业领域向非农领域的转移的确构成了撤县设区产生外溢效应的作用机制,由此也验证了前文的研究假说H1。

表6.11　撤县设区外溢效应的本地就业结构改变机制

	不考虑冲击强度		考虑两种冲击强度		不考虑冲击强度	考虑两种冲击强度
	(1)	(2)	(3)	(4)	(5)	(6)
	乡村农林牧渔业从业人员数	粮食产量	乡村农林牧渔业从业人员数	粮食产量	第二三产业外出从业人员	第二三产业外出从业人员
撤县设区政策冲击	−0.100*** (0.026)	−0.212*** (0.046)			0.065*** (0.020)	
撤县设区政策冲击强度			−2.793*** (0.765)	−6.311*** (0.929)		1.906*** (0.532)
乡村农林牧渔业从业人员数		0.061*** (0.018)		0.045*** (0.012)		
控制变量	√	√	√	√	√	√
Sobel检验	z=−2.543** (p值=0.011) 中介效应显著		z=−2.616** (p值=0.009) 中介效应显著		—	—
常数项	√	√	√	√	√	√
观测值数	15856	15856	15822	15822	696	696
R2	0.028	0.422	−0.003	0.339	0.111	0.111

第六节　本章小结

　　本章在上一章节的基础上,进一步分析探讨了撤县设区对非撤设县粮食生产的外溢效应,也检验了对地市层面粮食生产的综合效应。理论层面聚焦从非撤设县的农地非农化与劳动力非农化入手,剖析了非撤设县粮食生产受到的外溢影响与内在机理,并探讨外溢影响的空间异质性。在经验层面,利用基于2004—2020年全国25个省级单位314个地级市单位1797个县级单位的面板数据,首先采用带有工具变量的渐进DID模型,实证检验了撤县设区对非撤设县粮食生产的外溢影响,并考察了外溢效应的空间异质性特征,在此基础上进一步检验了农地非农化与劳动力非农化的作用机制。

实证研究结论表明:(1)撤县设区的发生对非撤设县的粮食生产形成了显著的负向外溢影响,并且总体上表现出随时间推移逐渐增强的特征。(2)随着非撤设县到撤设县距离的不断增加,上述外溢影响表现出逐渐减弱的空间异质性特征。(3)在考虑地区异质性、纳入对撤县设区政策冲击强度差异的考虑与处理后,上述负向的外溢影响依旧十分稳健,且在地市整体层面,也发现了撤县设区会对其粮食生产产生显著的负向影响。(4)此外,撤县设区通过加剧非撤设县耕地用途非农化转变、耕地种植结构非粮化调整的农地非农化机制,以及劳动力跨地区流动、本地就业结构非农化转变的非农化机制,冲击了非撤设县的粮食生产。

第七章　研究结论与政策优化思路

第一节　主要研究结论

撤县设区因能够扩容城市发展空间、促进区域要素整合,而日益成为地方政府介入城市化发展的重要手段。但地方政府扎堆撤设、盲目扩张导致的耕地"非农化""非粮化",构成了对粮食安全的严重威胁。尤其是近年来中美贸易摩擦、俄乌冲突等诸多影响我国粮食安全不确定因素的涌现和叠加,使得粮食自给安全的重要性越发凸显。更为关键的是,地方政府面对撤县设区和落实粮食安全主体责任的激励并不相同,甚至可以借助区县建制变更弱化粮食生产职责。实践中,也有越来越多的粮食主产地区正在经历和规划撤县设区。

在此背景下,为了回答是否存在地方政府借助撤县设区转变粮食安全主体责任的可能,嵌入何以发生,以及责任转变之下的撤县设区又会对粮食生产造成何种影响,如何全面评估等疑问,本书利用全国县级样本面板数据,借助双重差分法、工具变量法、事件分析法等多种研究方法,从制度空间与利益激励两个角度,深入探讨了地方政府借助撤县设区转变粮食安全主体责任的嵌入机制,并在此基础上系统评估了责任转变之下撤县设区对粮食生产的影响效应及其作用机理。最后根据研究结论,并围绕粮食产能约束性指标提出优化撤县设区与稳定粮食生产、保障粮食安全的政策建议。主要研究结论如下:

一、地方政府存在借助撤县设区转变粮食安全主体责任的制度空间

为从制度层面探明地方政府借助撤县设区转变粮食安全主体责任的可能,本书首先着重从区县类型和政府层级的角度,剖析并提炼粮食安全主体责任和撤县设区现有制度安排的特征。与此同时,梳理城市化进程中撤县

设区的历史演变,并着重聚焦从撤设的决策程序与方案内容来凝练撤县设区现有制度安排的特征,考察地方政府借助撤县设区转变粮食安全主体责任的主观能动性和制度约束,以此探明嵌入的制度空间。在此基础上,从撤县设区之后地方政府经济职能重心的变化,尤其是财政支农程度的变化入手,利用2000—2020年1850个县级单位的面板数据,为制度空间的存在提供经验证据。

研究结果显示:现有事关撤县设区的制度安排,使得以地市和县为代表的地方政府作为撤县设区的第一发起方和推动者,具有决策程序上的主观能动性,同时又由于撤县设区在方案内容上以城市化建设为导向,进一步使得地方政府在撤设决策上缺乏对粮食安全保障的关注和制度约束。由此,撤县设区的决策程序和决策内容制度安排共同导致缺乏粮食生产激励的地方政府可以凭借掌握的辖区不对称信息优势提出具体的撤设方案,其中便可带有转变粮食安全主体责任的隐含诉求,即存在地方政府借助撤县设区转变粮食安全主体责任的制度空间。经验层面的证据表明,撤县设区的发生会使得原辖区财政支出结构上用于支农的比重显著下降,即撤县设区的发生带来了撤设县经济职能重心由农业领域向非农的明显转变,进一步佐证了制度空间的存在。

二、地方政府存在借助撤县设区转变粮食安全主体责任的一致利益激励

鉴于"嵌入机制"的最终实现,一方面不仅需要以制度空间上的可能性作为基础,即"嵌入"具有发生的制度空间,另一方面也有赖于市县两级政府现实选择上的利益激励一致性,即"嵌入"发生的这一制度空间会被两级政府共同利用。为此,在制度空间分析的基础上,本书重点基于中国式的分权体制背景,分别从发展绩效的经济利益和权力晋升的政治利益两方面入手,分析地市政府和县级政府借助撤县设区转变粮食安全主体责任的利益激励及其一致性,从而考察前文中的制度空间究竟是否会被市县两级地方政府所共同利用。在经验层面,利用2000—2020年1705个县级单位的面板数据,首先评估粮食安全主体责任对地方政府粮食生产的影响,考察粮食安全主体责任的施加是否确实带来了当地粮食增产;在此基础上,进一步识别粮食安全主体责任对经济发展、权力晋升的影响。

研究发现:地方政府的粮食安全主体责任的确达到了提高粮食产量、稳定粮食供给的目的,但是粮食安全主体责任对粮食产量的这一促进作用,一定程度上是以牺牲承担单位潜在经济发展绩效为代价的,并间接影响了权力晋升的可能空间。由此可以得知,在中国式分权体制背景下,地

市政府和县级政府不仅拥有借助撤县设区弱化粮食安全主体责任的制度空间,也同样具有借助撤县设区弱化粮食生产、推动城市建设的共同利益激励。

三、嵌入机制的存在使得粮食安全主体责任与撤县设区的概率呈现正向关系

根据对地方政府借助撤县设区转变粮食安全主体责任的制度空间与利益激励的分析可以得知,地方政府存在借助建制变更转变粮食安全主体责任的制度空间,与此同时其也拥有借助撤县设区推动相对粮食生产更有利于经济增长、权利晋升的城市化建设的共同利益激励。那么,在此基础上,本书利用2000—2020年1850个县级样本的面板数据,借助国定产粮大县划定的外生冲击,采用双重差分等估计方法,着重探究了粮食安全主体责任如何影响地方政府撤县设区概率的问题,从而更为科学严谨地给出"嵌入"得以发生的证据。

在经过系列稳健性检验之后,研究结果发现:在中国式的分权体制背景下,由于地市政府和县级政府均有借助县级政区建制变更(县的农政区变为市辖区的城镇区),以弱化甚至摆脱不利于经济发展绩效和权力晋升的粮食安全主体责任的行为激励,这种变更上的利益一致性加之制度空间的存在,使得承担更大粮食安全主体责任的县与撤县设区的概率之间具有显著的正向关系。并且在排除多种可能存在的担忧,以及对粮食安全主体责任强度进行量化检验后,该结论依旧较为稳健。

四、撤县设区作用生产要素非农化配置对撤设县粮食生产产生负向直接影响

从前文的分析可以得知,撤县设区会弱化撤设县原有的粮食生产责任,促使其经济职能重心发生转变,那么在这一责任与经济职能重心转变之下,撤设县原有的农业生产要素会如何变化,进而影响其粮食生产呢?为进一步探讨责任转变之下的撤县设区对粮食生产的影响与作用机制,本书聚焦从农地非农化与劳动力非农化两个角度,剖析了撤县设区直接影响撤设县粮食生产的理论机制,在此基础上采用2004—2020年全国1797个县级单位的宏观面板数据实证检验了撤县设区对撤设县粮食生产的直接影响与作用机制。

研究结果显示,撤县设区显著削弱了撤设县的粮食产量,且这一削弱作用具有长期效应,大致表现出了逐年加剧的动态特征。即便是在通过变更

组别设计、考虑政区类型与结构等方式进行排除可能存在的担忧后,撤县设区对撤设县粮食生产的负向影响依然稳健且显著。在上述直接影响的作用机制上,发现撤县设区主要通过加剧撤设县耕地用途非农转变、种植结构非粮化的农地非农化机制,以及劳动力跨地区流动、本地就业结构改变的劳动力非农化机制,对其粮食生产形成负向冲击。

五、撤县设区作用生产要素非农化配置对非撤设县粮食生产产生负向外溢影响

撤县设区作为撤设县和所在地市政府共同发起并推进的行为决策,其对粮食生产的影响除了体现在撤设县所在地之外,也会通过外溢效应影响到非撤设县,而且对后者的分析也是系统评估撤县设区在粮食生产方面的政策绩效和地市层面粮食生产变化的应有内容。为此,本书采用2004—2020年全国1797个县级单位的面板数据,在分析撤县设区对撤设县粮食生产的直接影响及其作用机制之后,也着重探讨了撤县设区对非撤设县粮食生产的外溢影响及其空间异质性,并在此基础上评估了撤县设区对地市层面粮食生产的综合影响。

研究结果表明,撤县设区显著削弱了周边非撤设县的粮食产量,总体上表现出随时间推移逐渐增强的动态特征。并且随着非撤设县到撤设县距离的不断增加,上述外溢影响表现出逐渐减弱的空间异质性特征。在进一步纳入对撤县设区政策冲击强度差异的考虑与处理后,上述负向的外溢影响依旧十分稳健。同时,也发现撤县设区对地市整体层面的粮食生产也产生显著为负的综合影响。在上述外溢影响的作用机制上,发现撤县设区主要通过加剧周边非撤设县耕地用途非农化、种植结构非粮化的农地非农化机制,以及劳动力跨地区流动、本地就业结构改变的劳动力非农化机制,削弱了其粮食生产。

第二节 政策优化"抓手":为什么选择粮食产能约束性指标?

一、粮食产能首成约束性指标:"十四五"规划纲要中的责任目标

中央在2013年中央农村工作会议上提出了"以我为主、立足国内、确保产能、适度进口、科技支撑"这一新的国家粮食安全战略,但其中的核心思想依旧延续了自1996年《中国的粮食问题》白皮书首次明确的"立足国内资源,实现粮食基本自给是中国解决粮食供需问题的基本方针"的宗旨。可见,国家始终将粮食安全治理的核心要务放置于国内粮食产能的安全保障上。在此背景下,为进一步夯实"提产能"的粮食安全根基,逐步压实各级地方政府的粮食安全主体责任,中央政府在相继推出粮食安全省长责任(2015年)和粮食安全党政同责(2020年)的基础上,又进一步在2021年发布的"十四五"规划纲要中将粮食产量纳入宏观经济调控指标,更首次将粮食产能作为经济社会发展的约束性指标予以明确和提出。这一指标的推出与制定,不仅丰富了粮食安全省长责任的基本内容,更成了保障国家粮食安全的又一责任目标。

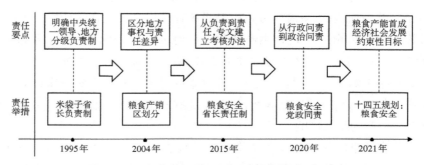

图7.1　粮食产能安全政府主体责任的历史演变

在国家粮食安全这一战略的统筹指导下,从省级政府到地市政府的"十四五"规划纲要同样首次对粮食安全指标,尤其是粮食产能做出了不同的规定与要求。在手工收集并处理"国家—省—地市"三级政府各自"十四五"规划纲要文本的基础上(见表7.1),可以发现,与国家试图宏观调控粮食产能相一致,单粮食产能作为粮食安全保障的一个约束性指标①,便基本上被省级和地市级政府所遵循并纳入各自的"十四五"规划中,在本书样本中占比分别达到了省市两级政府各自的96.15%②和97.37%③。

---

①　其他指向粮食安全的指标类型有:耕地保有量、政策性储备粮规模、粮食储备保障能力、粮食储备量、粮食仓容量、粮食综合保障能力(年储备增量要求)和口粮供给率。
②　本书省级样本中青海省未明确将粮食产能作为安全保障约束性指标,另采纳的指标是耕地保有量。
③　本书地市级样本中未明确将粮食产能作为安全保障约束性指标的地区为:克拉玛依市、吐鲁番市、那曲市(另采用年粮食储备增量指标)、西宁市(另采用耕地保有量)、伊春市、德宏傣族景颇族自治州(另采用耕地保有量)、广州市(另采用政策性储备粮规模)、深圳市(另采用粮食储备保障能力)和厦门市。

表 7.1　"国家—省—地市"三级政府"十四五"规划中的粮食安全约束性指标

地区行政类别	GDP 年均增长目标		粮食安全保障指标				
			粮食综合生产能力指标		其他粮食安全指标		
	指标性质	均值	指标性质	纳入地区数	年均增长率均值	耕地保有量 纳入地区数	口粮供给率 纳入地区数	粮食储备 纳入地区数
国家	预期性	各年度提出	绝对值— 约束性	不下降（保持 6.50 亿吨以上）		0	0	
省级（N=26）	相对值预期性	6.21%	绝对值25 约束性（96.15%）	0.10%		3（11.54%）	0	0
地市（N=305）	相对值预期性	7.07%	绝对值296 约束性（97.05%）	1.41%		32（10.49%）	1（0.33%）	5（1.64%）

注：①数据来自手工整理各地区政府网站公开的"十四五"规划纲要文本，其中省份地区不包括直辖市、台港澳地区和海南，地市地区包括地区（5个）、地级市（280个）、盟（3个）和自治州（17个）四类建制政区，N表示对应地区的样本数；②粮食储备为政策性储备粮规模（广州市提出）、粮食储备保障能力（深圳市提出）、粮食综合保障能力（年储备增量要求，那曲市提出）、粮食储备量（成都市提出）和粮食仓容量（内江市提出）五类指标的统称；③某一地区可能同时提出一种以上粮食安全保障指标，故粮食安全保障指标的纳入地区数加总超过地区样本总数，表中括号内的百分比为地区数占比。

二、粮食产能约束性指标对非农化、非粮化的风险治理

（一）粮食产能安全的非农化、非粮化风险：政府与市场主体的已有产权界定

产权在划定主体使用资源行为边界的同时也赋予了主体需承担的责任。由于改革开放之前我国施行的是计划经济形式的粮食统购统销，这导致改革开放以来，国家一系列粮食安全政策的演进不可避免地将与粮食购销体制的市场化改革相互交织，甚至可以说，在产权界定上，国家粮食安全政策尤其是政府责任制的探索、建立与推进，正是对不同市场主体（生产者、购销企业、消费者、代储企业等）和不同政府主体（中央地方、中储粮、粮食部门等）在产业链各环节上治理粮食供给风险行为边界的不断划定。值得注意的是，在影响粮食产能供给最为核心的农地使用上，由于农业对具有灵活

信息收集和自我实施特征经营主体的天然内含要求（李宁等，2017），使得改革开放以来，以耕地是否农用为界来划定市场与政府的责任边界其实较为简单与明确，即凭借土地用途管制（1997年建立）即可划定政府主体拥有的耕地非农化权利，而通过农地"三权"分置（坚持所有权、稳定承包权、放活经营权）改革的地权结构细分也充分确立了农户家庭经营在农业生产用途内的主体地位和生产决策权利。

换言之，国家目前围绕农地的产权界定并没有将耕地进一步划分为用途受法律约束的粮地和非粮地。现有法律只是以耕地非农化为界，政府拥有非农化建设权利但同时也相应承担超额、违规占用耕地的法律责任，而农业生产经营者则拥有农地农用范围内的全部生产决策权同时承担抛荒、毁坏耕地的法律责任。但上述仅仅围绕农地农用还是非农建设的原有产权划定，却无法有效约束地方政府和农业生产者在各自领域的非粮化冲动，甚至在国际粮食进口日益增长、全球食物供应链不确定性加大的今天，更加放大了粮食产能安全的实际风险（见图7.2）。

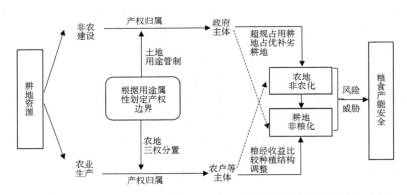

图7.2　粮食产能安全的非农化、非粮化风险：产权界定下的政府与市场

（二）粮食产能约束性指标的制度阐释：限制政府、引导农户与目标考核

产权意义上，责任的本质是行为边界的划定。自上文分析可知，虽然影响粮食产能供给安全的"非农化"和"非粮化"风险经常被一并提起，但两者在政府和市场主体的权利界定上存在显著区别。因此，在农地使用的角度上，对政府履行粮食产能安全责任，或者说对粮食产能安全政府责任内涵的理解，应合理区分政府和市场两类主体的差异，如此才能在充分发挥市场决定性配置资源的作用基础上，更好发挥政府作用，即：政府是粮食产能安全责任的履责主体，而农户等实际生产者并不能被视作责任主体。换言之，国家强调这一责任的目的是限制和明确地方政府保障粮食产能的行为，并不是督促政府将粮食生产责任施加于农业生产者和加大对农地生产的实际管制。正如上文分析，在现有的产权安排下，确保粮食产能供给安全的关键是限制政府对耕地的占用和调动农业生产主体的种粮积极性，以此达到遏制政府农地非农化和防止农户生产非粮化的目的。因此，各级政府对责任的履行，并不能变相将粮食产能安全的责任转嫁为农业生产者必须履行的"以粮为纲"的生产责任。

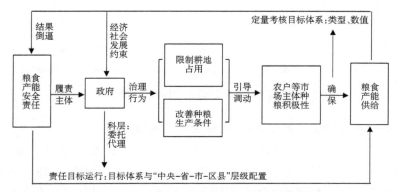

图7.3　粮食产能安全政府主体责任的制度阐释

因此，总体来看，无论是通过约束政府还是引导农户以达到遏制非农化、防止非粮化风险的治理目的，围绕粮食产能安全政府责任的制度设计，关键在于政府主体的实际履责机制，即目标责任制。这便引出了粮食产能约束性指标的目标体系和运行机制问题。

三、粮食产能约束性指标的运行机制：体系结构与层级配置

作为内嵌于我国科层体制的成熟责任架构，粮食产能指标的年度制定与执行情况显然更能反映粮食产能指标的运行过程。为此，本书通过政府网站检索、申请政府信息公开和公开咨询（含电话、邮件与信函）等方式，收集了2021年和2022年省级政府和地市级政府关于粮食产能安全指标的分配文件，并进行了详细的手工处理。其中，省级文件（共16份）主要是将省级产能指标在下属地市（204个）间进行分配，地市文件（共202份）则是将地市产能进一步在下属的区县（1704个样本）间进行分配。借此，本书可以从指标体系结构与层级政府配置特征两层面，明晰粮食产能责任指标的运行机制。

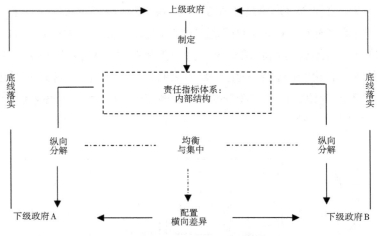

图7.4 粮食产能约束性指标运行机制

（一）责任指标的类型结构：粮食面积与粮食产量

在约束粮食产能的指标类型上，主要包括粮食面积[①]和粮食产量两类，而其中粮食面积较之粮食产量在采用地区数量上占比更高，且指标用词也更显约束性。如整理后的图7.5所示，在样本中，无论是省级政府还是地市政府对各自下级政府均全部制定了粮食面积的约束指标，而制定粮食产量指标的省级政府和地市政府数量有所降低，分别只有68.75%（=11/16）和75.74%（=153/202）。而在同时制定这两类指标的地区中，省级政府和地市政府又分别有54.55%（=6/11）和22.22%（=34/153）区分了两类指标的约束强度，对粮食面积采用"约束性指标"的强表述，对粮食产量采用"参考性指标"或"指导性指标"的弱表述。各级政府对粮食产能指标的上述类型解构和重视差异，与前文理论分析得出政府负责粮食产能安全主要在于治理耕地非农化、非粮化风险的内容相一致。

---

① 包括粮食面积、粮食播种面积、粮食种植面积三类指标名称，本书统称为粮食面积。

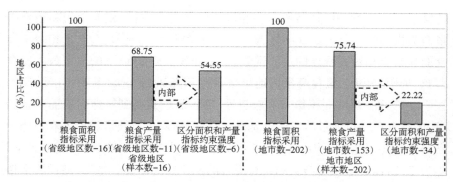

图7.5　粮食产能约束性指标的类型结构：粮食面积与粮食产量

（二）责任指标的政府层级配置：层级间的纵向分解

在粮食产能约束性指标自上而下层层配置过程中，各级地方政府同时承担着"对上承包"与"向下分包"的双重角色，因此，对这一责任指标的配置分析可以从层级间的纵向分解角度入手。在指标的纵向分解上，各级地方政府严格落实并分解了上级政府的粮食产能安全指标，但加码特征并不显著。首先，在"中央-省"这一承包和分包层级，由于无法直接获得国家对省级政府制定的原始指标文件，故只能通过省级文件提及的国家分配情况来进行整理。但在我们的样本中，提及国家分配数值的省级文件只有2个，识别结果上需要谨慎。故本部分主要通过将省级文件下发给某地市的指标数值与该地市下发给下属区县总的指标数值进行对比，以考察"省-地市"层级间的指标分解情况。

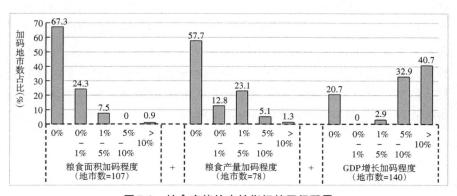

图7.6　粮食产能约束性指标的层级配置

注：数值区间只包括左侧边界值。

整理后的图7.6反映出，地市层面对上级省政府下发的约束性指标均进行了严格执行,并未"减码",但相较于经济增长目标,粮食面积和粮食产量两类指标的加码现象并不显著。此外,值得注意的是,粮食产量相较于粮食面积具有相对高程度的加码现象,粮食面积加码1%以上的地市数占比有8.4%,加码1%以上粮食产量的地市数占比却高达29.5%。其中可能的原因在于,一方面,耕地面积影响非农建设,粮食面积又受到耕地面积的严格约束,但粮食单产可通过改善生产基础条件、引进新生产技术和投入农资化学品等方式加以直接干涉,为此,地方政府在保持粮食面积时倾向底线思维,更为谨慎,而对于粮食产量却具有更多的操作空间。另一方面,通过约束粮食产量倒逼粮食单产的提高,也有利于地方政府弱化粮食产能对粮食面积的依赖。这在一定程度上也解释了近年来各级政府对建设高标准基本农田和培育粮种等行为的责任强调。

第三节　政策优化思路:粮食产能约束的纳入

　　未来撤县设区的稳妥推进应置于国家粮食安全的整体战略内涵之中。对于如何在撤县设区推进过程中保障粮食安全主体责任的落实,不仅需要明确两者之间可能发生的内在关联,更要在此基础之上,从制度优化层面提高撤县设区改革本身对粮食生产的关注,积极探寻保障粮食生产的具体政策着力点。从上文对粮食产能约束性指标制度内涵与运行机制的考察可以得知,一方面在现有的农地产权制度架构下,地方政府承担粮食产能安全责任的制度内涵,并非要求各级政府强制干预农户自主的种植经营权利,而是主要通过约束政府占用耕地和强调提高种粮综合收益的政府行为,以达到遏制农地非农化和预防耕地非粮化的风险治理目的。另一方面,粮食产能约束性指标依托目标责任制的运行,完成对粮食面积和粮食产量责任的层层分解与约束。为此,本书尝试遵循图7.7的逻辑框架图,围绕粮食产能约束性指标,提出如下三个方面的治理优化思路:

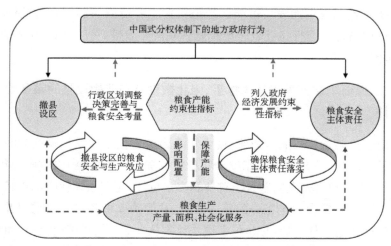

图7.7　围绕粮食产能约束性指标的治理优化逻辑框架图

一、严格控制撤县设区,将粮食安全主体责任考量纳入撤县设区议定过程

　　根据本书对撤县设区历史演变与粮食安全主体责任分配要点的梳理,县级单位既是我国粮食安全主体责任落实的一线主体,也是城市发展空间拓展的首要对象。尤其是在当前城市化快速发展的背景下,通过撤县设区的行政建制变更,实现传统农政区向城镇政区的转变,更是成了各地扩容城市发展空间与重新优化布局的重要手段。尽管撤县设区在发挥中心城市集聚效应、提升区域经济一体化水平、削弱区县边界效应等诸多方面取得了良好的政策效果,但由于撤县设区在制度安排上缺乏对地方政府履行粮食安全主体责任的约束,地方政府和官员无论是在决策程序的发起过程中还是在变更方案的内容上均未对粮食生产问题予以足够的关注与强调。撤县设区被作为工具化的使用,将使得撤设县、非撤设县乃至地市整体层面的资源要素过度向非农领域倾斜聚集,从而对当地粮食安全产生潜在的负面影响。

　　因此,立足"法治化、科学化、制度化"的原则,结合前述第二章研究内容(嵌入的制度空间)、第三章研究内容(嵌入的利益激励)和第四章研究内容(嵌入的发生证据)的发现,本书建议重点从撤县设区的决策过程与议定内容两方面入手,以粮食产能约束为依托,将地方政府粮食安全主体责任考量纳入撤县设区制度安排:首先从法治化建设层面完善对撤县设区执行程序与实施标准的立法与管治,更为关键的是,应在撤县设区的制度安排中纳入对地区粮食生产情况的考量,如根据地区原有的粮食生产功能、贡献等初步预判发生撤设后可能给当地粮食生产造成的影响,在此基础上,综合评估该地区推行撤县设区改革是否具有必要性、可行性、科学性,谨慎决策、因地制宜。

二、以面积和产量考核为抓手,强化撤设县与非撤设县的粮食安全主体责任

出于风险意识与底线思维,确保粮食自给安全不仅是保障社会经济平稳发展的基础,更是保证国家安全和稳定的关键。为此,中央政府历年"一号文件"均将粮食安全问题置于首要和突出位置,再三强调保障国内粮食生产供给充足是粮食安全工作的重中之重,并明确要求各级政府重视并承担粮食生产属地责任。近年来,国家更是首次从顶层设计的战略高度,将粮食综合生产能力明确为地方政府经济社会发展的约束性指标,以粮食产能约束性指标为责任内容,强调保面积、稳产量,明确定位粮食安全目标。

第五章(直接影响效应)和第六章(外溢影响效应)的研究内容发现,撤县设区会通过加剧撤设县耕地用途非农转变与种植结构非粮调整,削弱当地粮食生产,且还会在一定范围内外溢到周边非撤设县。为此,在推进撤县设区与城市化建设过程中,应督促各地地方政府以粮食播种面积和粮食产量目标为抓手,因地制宜地采取科学措施应对撤设县与非撤设县的耕地非农化与非粮化转变,压实与强化自身的粮食安全主体责任:首先,依托法律规划保护耕地,制定完善、详尽的法律法规体系以有效控制城市用地规模,切实加强对撤设县与周边非撤设县的耕地用途管制,从而系统协调城市建设用地与耕地的利用。其次,在城市化战略背景下也要整合与完善现有惠农政策,尤其是提高种粮补贴、加大对粮食生产的支持力度,通过利益激励机制缓解撤设县及其周边非撤设县农户种粮意愿不强的问题。最后,以城市化发展带动农业农村现代化,完善高标准农田等基础设施建设,提高对撤设县及其周边非撤设县有限耕地资源的集约化管理水平和利用效率。

三、完善农业社会化服务体系,应对撤县设区带来的生产要素非农化配置

与限制政府自身行为相区别,虽然粮食安全属于国家目标,但如何真正保护和激励种粮农民等实际生产经营者的积极性,才是一切粮食安全政策制定的出发点和落脚点。换言之,确保以农户为主体的实际农业生产者选择种粮,应该是政府在严格管制占用耕地的基础上,通过改善粮食生产综合条件、提升种粮收益,以引导和调动积极性的自然结果。并且从提高种粮综

合收益的角度来看,调动农业生产者种粮积极性的关键,在于培育良种、改善农地细碎化配置、提升耕地质量、降低流转成本、完善农田基础设施等内容,显然,这在当前农村集体经济组织虚置并无法有效提供专用性投资的情形下,这些举措自然也成了中央统筹、地方政府负责的应有之义,成为粮食安全政府主体责任的内容或者说内涵之一①。

因此,根据本书对撤县设区影响效应的分析结论与发现,即撤县设区会通过促进劳动力跨地区流动与本地就业结构非农化改变,对当地粮食生产造成一定影响,且这一影响同样会在一定范围内外溢到周边非撤设县。本书进一步建议,在撤县设区与城市化建设的过程中,应积极应对撤县设区后劳动力等生产要素的非农化配置给粮食生产带来的压力,不断完善农业社会化服务体系建设,尤其是大力发展撤设县与周边非撤设县的粮食生产社会化服务组织,充分发挥其对确保粮食稳面积、稳产量的重要作用。

具体而言,首先,应着重加强与完善撤设县与非撤设县的农村劳动力市场建设,继续稳步推进户籍制度改革、弱化行政管理体制边界,加快推动区域经济一体化;在此基础上,带动撤设县及周边非撤设县的农业农村基础设施建设,建立健全农业社会化服务体系,鼓励通过机械化等实现农业生产劳动力资源的要素替代,以缓解撤设县与非撤设县因劳动力流失、非农就业给粮食生产带来的不利影响。与此同时,加强对当地现存农业劳动力的技能培训,改善其人才结构,提高劳动生产效率。

---

① 以良种培育为例,在化学农业生产方式下,农民无法留种,需年年购买商业化种子,意味着粮食安全的责任没有掌握在实际生产者手中。

参考文献

中文文献

[1] 才国伟,张学志,邓卫广."省直管县"改革会损害地级市的利益吗? [J].经济研究,2011,46(07):65-77.

[2] 曹宝明,黄昊舒,赵霞.中国粮食储备体系的演进逻辑、现实矛盾与优化路径[J].农业经济问题,2022(11):25-33.

[3] 陈国亮,陈建军.产业关联、空间地理与二三产业共同集聚—来自中国212个城市的经验考察[J].管理世界,2012(04):82-100.

[4] 陈科霖.中国撤县设区40年:回顾与思考[J].地方治理研究,2019(01):2-19+78.

[5] 陈林,伍海军.国内双重差分法的研究现状与潜在问题[J].数量经济技术经济研究,2015,32(07):133-148.

[6] 陈硕.中国央地关系:历史、演进及未来[M].复旦大学出版社,2020.

[7] 陈妤凡,王开泳.撤县(市)设区对城市空间扩展的影响机理——以杭州市为例[J].地理研究,2019,38(02):221-234.

[8] 陈占彪.行政组织与空间结构的耦合:中国行政区经济的区域政治经济学分析[M].东南大学出版社,2009.

[9] 程国强.重塑边界:中国粮食安全新战略[M].经济科学出版社,2013.

[10] 程国强,朱满德.新冠肺炎疫情冲击粮食安全:趋势、影响与应对[J].中国农村经济,2020(05):13-20.

[11] 程名望,黄甜甜,刘雅娟.农村劳动力外流对粮食生产的影响:来自中国的证据[J].中国农村观察,2015(06):15-21+46+94.

[12] 仇焕广,李登旺,宋洪远.新形势下我国农业发展战略的转变——重新审视我国传统的"粮食安全观"[J].经济社会体制比较,2015(04):11-19.

[13] 戴宏伟,王云平.产业转移与区域产业结构调整的关系分析[J].当代财经,2008(02):93-98.

[14] 丁焕峰,孙小哲,刘小勇.区域扩容能促进新进地区的经济增长吗?——以珠三角城市群为例的合成控制法分析[J].南方经济,2020(06):53-69.

[15] 丁声俊. 我国粮业70年改革发展历程与经验启示[J]. 中州学刊, 2019(01):34-42.

[16] 董文翰. 撤县设区对地方政府土地财政依赖度影响的研究——基于地级市面板数据的实证分析[J]. 宁夏大学学报（人文社会科学版）, 2018,40(1):123-129.

[17] 杜志雄,韩磊. 供给侧生产端变化对中国粮食安全的影响研究[J]. 中国农村经济,2020(04):2-14.

[18] 杜志雄. 粮食安全国家责任与地方目标的博弈[M]. 中国社会科学出版社,2012.

[19] 段龙龙,王林梅. 撤县设区改革有助于改善地方公共服务供给质量吗?[J]. 公共管理评论,2019(2):44-64.

[20] 樊琦,祁华清. 转变城镇化发展方式与保障国家粮食安全研究[J]. 宏观经济研究,2014(08):54-60.

[21] 范子英,田彬彬. 政企合谋与企业逃税:来自国税局长异地交流的证据[J]. 经济学(季刊),2016,15(04):1303-1328.

[22] 方鸿. 中国农业生产技术效率研究:基于省级层面的测度、发现与解释[J]. 农业技术经济,2010(01):34-41.

[23] 方言. 转型发展期的农业政策研究:粮食卷[M]. 中国经济出版社,2017.

[24] 高琳. 快速城市化进程中的"撤县设区":主动适应与被动调整[J]. 经济地理,2011,31(04):573-577.

[25] 高祥荣. "撤县（市）设区"与政府职能关系的协调[J]. 甘肃行政学院学报,2015(03):29-40+126.

[26] 龚为纲,张谦. 国家干预与农业转型[J]. 开放时代,2016(05):57-75+7.

[27] 郭峰,石庆玲. 官员更替、合谋震慑与空气质量的临时性改善[J]. 经济研究,2017,52(07):155-168.

[28] 郭贯成,汪勋杰. 地方政府治理土地财政的现实选择[J]. 经济研究参考,2014(12):16.

[29] 韩永辉,黄亮雄,舒元. 县域行政区划改革的绩效分析:以"撤市设区"为切入点[J]. 经济学报,2014,1(4):49-67.

[30] 韩长赋. 新中国农业发展70年[M]. 中国农业出版社,2019.

[31] 何秀荣. 国家粮食安全治理体系和治理能力现代化[J]. 中国农村经济,2020(06):12-15.

[32] 黄季焜. 对近期与中长期中国粮食安全的再认识[J]. 农业经济问题,2021(01):19-26.

[33] 黄亮雄,安苑,刘淑琳. 中国的产业结构调整:基于三个维度的测算[J]. 中国工业经济,2013(10):70-82.

[34] 黄宗智. 中国农业发展三大模式:行政、放任与合作的利与弊[J]. 开放时代,2017(01):128-153+7.

[35] 黄祖辉,马彦丽. 再论以城市化带动乡村振兴[J]. 农业经济问题,2020(09):9-15.

[36] 江艇,孙鲲鹏,聂辉华. 城市级别、全要素生产率和资源错配[J]. 管理世界,2018,34(03):38-50+77+183.

[37] 蒋冠宏,蒋殿春. 基础设施、基础设施依赖与产业增长——基于中国省区行业数据检验[J]. 南方经济,2012(11):116-129.

[38] 蒋和平,尧珏,蒋黎. 新时期我国粮食安全保障的发展思路与政策建议[J]. 经济学家,2020(01):110-118.

[39] 匡贞胜. 中国近年来行政区划调整的逻辑何在?——基于EHA-Logistic模型的实证分析[J]. 公共行政评论,2020,13(04):22-40+205.

[40] 李郇,徐现祥. 中国撤县(市)设区对城市经济增长的影响分析[J]. 地理学报,2015,70(08):1202-1214.

[41] 李金龙,翟国亮. 撤县设区的科学规范探究[J]. 云南社会科学,2016(05):18-22.

[42] 李开宇. 行政区划调整对城市空间扩展的影响研究——以广州市番禺区为例[J]. 经济地理,2010,30(01):22-26.

[43] 李雷. 依宪治国背景下完善撤县设区的宪法学思考[J]. 云南社会科学,2016(05):12-17.

[44] 李宁,何文剑,仇童伟,陈利根. 农地产权结构、生产要素效率与农业绩效[J]. 管理世界,2017(03):44-62.

[45] 李恕宏. 基于行政区划调整的合肥—芜湖双核空间整合[J]. 地理研究,2012,31(10):1895-1904.

[46] 李永友,周思娇,胡玲慧. 分权时序与经济增长[J]. 管理世界,2021,37(05):71-86+6.

[47] 梁志艳,赵勇. 撤县设区是否提高了城市公共服务水平?——基于双重差分倾向得分匹配法的评价[J]. 城市与环境研究,2019(01):49-59.

[48] 刘秉镰,边杨,周密,朱俊丰. 中国区域经济发展70年回顾及未来展望[J]. 中国工业经济,2019(09):24-41.

[49] 刘君德,范今朝.中国市制的历史演变与当代改革[M].东南大学出版社,2015.

[50] 刘君德,冯春萍,华林甫,范今朝.中外行政区划比较研究[M].华东师范大学出版社,2002.

[51] 刘立峰.对新型城镇化进程中若干问题的思考[J].宏观经济研究,2013(05):3-6+36.

[52] 刘盛和,蒋芳,张擎.我国城市化发展的区域差异及协调发展对策[J].人口研究,2007(03):7-19.

[53] 刘彦随,刘玉.中国农村空心化问题研究的进展与展望[J].地理研究,2010,29(01):35-42.

[54] 卢洪友,陈思霞.谁从增加的财政转移支付中受益:基于中国县级数据的实证分析[J].财贸经济,2012(4):24-32.

[55] 卢盛峰,陈思霞.政策偏袒的经济收益:来自中国工业企业出口的证据[J].金融研究,2016(07):33-47.

[56] 陆铭.空间的力量:地理、政治与城市发展[M].格致出版社,2017.

[57] 罗楚亮,董永良.城乡融合与城市化的水平与结构[J].经济学动态,2020(11):36-49.

[58] 罗光强,邱溆.提高我国粮食主产区粮食生产能力的对策[J].经济纵横,2013(03):87-91.

[59] 罗光强.我国粮食主产区粮食安全责任实现的路径及对策[J].经济纵横,2012(01):84-87.

[60] 罗万纯.中国粮食安全治理:发展趋势、挑战及改进[J].中国农村经济,2020(12):56-66.

[61] 毛学峰,孔祥智.重塑中国粮食安全观[J].南京农业大学学报(社会科学版),2019,19(01):142-150+168.

[62] 倪国华,王赛男,JIN Yanhong.中国现代化进程中的粮食安全政策选择[J].经济研究,2021,56(11):173-191.

[63] 聂辉华,张雨潇.分权、集权与政企合谋[J].世界经济,2015,38(06):3-21.

[64] 聂伟,陆军,周文通.撤县设区改革影响撤并县域人口城镇化的机制研究——基于中心-外围城区资源配置视角[J].人口与发展,2019,25(03):2-13.

[65] 宁静,赵国钦,贺俊程.省直管县财政体制改革能否改善民生性

公共服务[J].经济理论与经济管理,2015(05):77-87.

[66] 彭洋,许明,卢娟.区域一体化对僵尸企业的影响——以撤县设区为例[J].经济科学,2019(06):80-91.

[67] 钱忠好,牟燕.中国农地非农化市场化改革为何举步维艰——基于地方政府土地财政依赖视角的分析[J].农业技术经济,2017,261(01):18-27.

[68] 曲福田,诸培新.土地经济学[M].中国农业出版社,2018.

[69] 尚正永,卢晓旭,张小林,吴启焰.行政区划调整对城市地域结构演变的影响——以江苏省淮安市为例[J].经济地理,2015,35(08):61-67.

[70] 邵朝对,苏丹妮,包群.中国式分权下撤县设区的增长绩效评估[J].世界经济,2018,41(10):101-125.

[71] 宋迎昌."大城市化"发展趋势探究——基于联合国世界经济和社会事务部数据库相关数据的分析[J].城市问题,2021(01):4-9.

[72] 孙久文,苏玺鉴.我国城市规模结构的空间特征分析——"一市独大"的空间特征、效率损失及化解思路[J].西安交通大学学报(社会科学版),2021,41(03):9-17+24.

[73] 孙秀林,周飞舟.土地财政与分税制:一个实证解释[J].中国社会科学,2013(04):40-59+205.

[74] 谭荣,曲福田.中国农地非农化与农地资源保护:从两难到双赢[J].管理世界,2006(12):50-59+66.

[75] 唐为,王媛.行政区划调整与人口城市化:来自撤县设区的经验证据[J].经济研究,2015,50(09):72-85.

[76] 田建民,孟俊杰.我国现行粮食安全政策绩效分析[J].农业经济问题,2010,31(03):11-15+110.

[77] 万陆,李璐瑶.中国撤县设区政策的区域一体化效果评估[J].郑州大学学报(哲学社会科学版),2018,51(06):77-81.

[78] 汪晖,陶然.论土地发展权转移与交易的"浙江模式"——制度起源、操作模式及其重要含义[J].管理世界,2009(08):39-52.

[79] 王大为,蒋和平.基于农业供给侧结构改革下对我国粮食安全的若干思考[J].经济学家,2017(06):78-87.

[80] 王丰龙,刘云刚.中国行政区划调整的尺度政治[J].地理学报,2019,74(10):2136-2146.

[81] 王贤彬,谢小平.区域市场的行政整合与经济增长[J].南方经济,2012(03):23-36.

[82] 王雄元,卜落凡.国际出口贸易与企业创新——基于"中欧班列"开通的准自然实验研究[J].中国工业经济,2019(10):80-98.

[83] 王勇,俞海,张永亮,赵子君,张燕.城镇化演进对资源环境的需求和影响预测分析[J].城市发展研究,2017,24(11):1-5.

[84] 王禹澔,张恩."撤县设区"研究刍议与展望[J].中国行政管理,2021(02):116-122.

[85] 王跃梅,姚先国,周明海.农村劳动力外流、区域差异与粮食生产[J].管理世界,2013(11):67-76.

[86] 魏后凯,姜长云,孔祥智,张天佐,李小云.全面推进乡村振兴:权威专家深度解读十九届五中全会精神[J].中国农村经济,2021(01):2-14.

[87] 魏后凯.新型城镇化重塑城乡格局[M].社会科学文献出版社,2022.

[88] 魏守华,杨阳,陈珑隆.城市等级、人口增长差异与城镇体系演变[J].中国工业经济,2020(07):5-23.

[89] 吴方卫,闫周府.劳动禀赋变化:要素替代抑或生产退出——以蚕桑生产为例[J].农业技术经济,2018(12):30-40.

[90] 吴金群,廖超超.尺度重构与地域重构:中国城市行政区划调整40年[M].上海交通大学出版社,2018.

[91] 伍骏骞,方师乐,李谷成,徐广彤.中国农业机械化发展水平对粮食产量的空间溢出效应分析——基于跨区作业的视角[J].中国农村经济,2017(06):44-57.

[92] 武舜臣,赵策,胡凌啸.转变中的粮食安全观:理论期待与新粮食安全观的构建[J].农业经济问题,2022(03):17-28.

[93] 夏添,孙久文,林文贵.中国行政区经济与区域经济的发展述评——兼论我国区域经济学的发展方向[J].经济学家,2018(08):94-104.

[94] 徐康宁,陈丰龙,刘修岩.中国经济增长的真实性:基于全球夜间灯光数据的检验[J].经济研究,2015,50(09):17-29+57.

[95] 徐维祥,张凌燕,刘程军,杨蕾,黄明均.城市功能与区域创新耦合协调的空间联系研究——以长江经济带107个城市为实证[J].地理科学,2017,37(11):1659-1667.

[96] 徐现祥,李郇,王美今.区域一体化、经济增长与政治晋升[J].经济学(季刊),2007(04):1075-1096.

[97] 许宪春,唐雅,胡亚茹."十四五"规划纲要经济社会发展主要指标研究[J].中共中央党校(国家行政学院)学报,2021,25(04):90-99.

[98] 薛蕾,廖祖君,王理. 城镇化与农业面源污染改善——基于农民收入结构调节作用的空间异质性分析[J]. 农村经济,2019(07):55-63.

[99] 鄢姣,赵军. 城市化、城乡收入差距对农产品价格的传递效应——基于协整和向量自回归的实证研究[J]. 中国农业资源与区划,2014,35(03):113-119.

[100] 杨爱平,陈瑞莲. 从"行政区行政"到"区域公共管理"——政府治理形态嬗变的一种比较分析[J]. 江西社会科学,2004(11):23-31.

[101] 杨建坤. 行政区划调整能够约束地方政府行政管理支出膨胀吗?——来自撤县设区的证据[J]. 公共管理评论,2022,4(01):50-77.

[102] 杨帅,温铁军. 经济波动、财税体制变迁与土地资源资本化——对中国改革开放以来"三次圈地"相关问题的实证分析[J]. 管理世界,2010(04):32-41+187.

[103] 杨桐彬,朱英明,周波. 行政区划调整对城市化发展失衡的影响——基于撤县设区的准自然实验[J]. 现代财经(天津财经大学学报),2020,40(08):88-99.

[104] 姚旭兵,罗光强,宁瑞芳. 城镇化与农业经济增长的区域效应研究——基于PVAR模型的实证分析[J]. 西南大学学报(社会科学版),2016,42(03):60-68+190.

[105] 叶林,杨宇泽. 行政区划调整中的政府组织重构与上下级谈判——以江城撤市设区为例[J]. 武汉大学学报(哲学社会科学版),2018,71(03):164-176.

[106] 叶林,杨宇泽. 中国城市行政区划调整的三重逻辑:一个研究述评[J]. 公共行政评论,2017,10(04):158-178+196.

[107] 叶林. 新区域主义的兴起与发展:一个综述[J]. 公共行政评论,2010,3(03):175-189+206.

[108] 叶敏. 增长驱动、城市化战略与市管县体制变迁[J]. 公共管理学报,2012,9(02):33-41+123.

[109] 殷洁. 大都市区行政区划调整:地域重构与尺度重构[M]. 中国建筑工业出版社,2018.

[110] 于晓华,Bruemmer Bernhard,钟甫宁. 如何保障中国粮食安全[J]. 农业技术经济,2012(02):4-8.

[111] 于志强,吴建峰,周伟林. 大城市撤县设区经济绩效的异质性研究——基于合成控制的实证分析[J]. 海城市管理,2016,25(06):10-15.

[112] 余泳泽,孙鹏博,宣烨. 地方政府环境目标约束是否影响了产业

转型升级？[J].经济研究,2020,55(08):57-72.

[113] 张五常.经济解释[M].中信出版社,2015.

[114] 张五常.中国的经济制度[M].中信出版社,2009.

[115] 詹新宇,曾傅雯.行政区划调整提升经济发展质量了吗？——来自"撤县设区"的经验证据[J].财贸研究,2021,32(04):70-82.

[116] 张琛,周振,孔祥智.撤县(市)设区与农村劳动力转移——来自江苏省的经验证据[J].农业技术经济,2017,267(07):18-30.

[117] 张践祚,李贵才,王超.尺度重构视角下行政区划演变的动力机制——以广东省为例[J].人文地理,2016,31(02):74-82.

[118] 张践祚,刘世定,李贵才.行政区划调整中上下级间的协商博弈及策略特征.社会学研究[J].2016,31(03):73-99+243-244.

[119] 张京祥.国家-区域治理的尺度重构:基于"国家战略区域规划"视角的剖析[J].城市发展研究,2013,20(05):45-50.

[120] 张可云,李晨.新中国70年行政区划调整的历程、特征与展望[J].社会科学辑刊,2021(01):118-128+2.

[121] 张乐,曹静.中国农业全要素生产率增长:配置效率变化的引入——基于随机前沿生产函数法的实证分析[J].中国农村经济,2013(03):4-15.

[122] 张莉,李舒雯,杨轶轲.新中国70年城市化与土地制度变迁[J].宏观质量研究,2019,7(02):80-102.

[123] 张莉,皮嘉勇,宋光祥.地方政府竞争与生产性支出偏向——撤县设区的政治经济学分析[J].财贸经济,2018,39(03):65-78.

[124] 张莉,王贤彬,徐现祥.财政激励、晋升激励与地方官员的土地出让行为[J].中国工业经济,2011(04):35-43.

[125] 张少辉,余泳泽.土地出让、资源错配与全要素生产率[J].财经研究,2019,45(02):73-85.

[126] 张衔春,赵勇健,单卓然,陈轶,洪世键.比较视野下的大都市区治理:概念辨析、理论演进与研究进展[J].经济地理,2015,35(07):6-13.

[127] 张晏,龚六堂.分税制改革、财政分权与中国经济增长[J].经济学(季刊),2005(04):75-108.

[128] 赵波.中国粮食主产区利益补偿机制的构建与完善[J].中国人口•资源与环境,2011,21(01):85-90.

[129] 赵和楠,侯石安.产粮大县奖励政策促进了县域粮食生产吗？——来自河南县域面板数据的证据[J].地方财政研究,2021(11):75-

85.

[130] 郑旭媛,徐志刚,应瑞瑶. 城市化与结构调整背景下的中国粮食生产变迁与区域异质性[J]. 中国软科学,2014(11):71-86.

[131] 钟粤俊,梁超. 行政区划调整与企业家时间配置:基于撤县设区的视角[J]. 财贸经济,2021,42(08):97-112.

[132] 周黎安. 中国地方官员的晋升锦标赛模式研究[J]. 经济研究,2007(07):36-50.

[133] 周少甫,许舜威. 撤县设区对推动城市发展的作用——基于城市建设视角的实证研究[J]. 城市问题,2020(11):14-22.

[134] 周雪光. 中国国家治理的制度逻辑[M]. 生活•读书•新知三联书店,2017.

[135] 朱建华,陈田,王开泳,戚伟. 改革开放以来中国行政区划格局演变与驱动力分析[J]. 地理研究,2015,34(02):247-258.

[136] 朱晶,臧星月,李天祥. 新发展格局下中国粮食安全风险及其防范[J]. 中国农村经济,2021(09):2-21.

[137] 朱军,许志伟. 财政分权、地区间竞争与中国经济波动[J]. 经济研究,2018,53(01):21-34.

[138] 庄汝龙,李光勤,梁龙武,宓科娜. 撤县(市)设区与区域经济发展——基于双重差分方法的政策评估[J]. 地理研究,2020,39(06):1386-1400.

[139] 邹健,龙花楼. 改革开放以来中国耕地利用与粮食生产安全格局变动研究[J]. 自然资源学报,2009,24(08):1366-1377.

英文文献

[1]Angrist, J. D. and Pischke, J. The Credibility Revolution in Empirical Economics:How Better Research Design is Taking the Con out of Econometrics[J]. *Journal of Economic Perspectives*,2010,24(2):3-30.

[2]Beck, T.,Levine, R. and Levkov, A. Big Bad Banks? The Winners and Losers from Bank Deregulation in the United States [J]. *The Journal of Finance*,2010,65(5):1637-1667.

[3]Bulman, D. Paths to Promotion:The Inconsistent Importance of Economic Performance[J]. *Incentivized Development in China*,2016,151-192.

[4]Cai, V. Z. Promoting City Leaders:The Structure of Po-

litical Incentives in China[J]. *The China quarterly*, 2015, 24: 955-984.

[5]Cartier, C. A Political Economy of Rank: The Territorial Administrative Hierarchy and Leadership Mobility in Urban China [J]. *Journal of Contemporary China*, 2016, 25(100):529-546.

[6]Chan, K. W. Special Issue: Urbanization in China: Processes and Policies[J]. *China Review*, 2010, 10(1):63-93.

[7]Chang, T. H. and Peter, J. K. Misallocation and Manufacturing TFP in China and India [J]. *Quarterly Journal of Economics*, 2009, 124(4):1403-1448.

[8]Chen, S. , and Lan X. There Will Be Killing: Collectivization and Death of Draft Animals[J]. *American Economic Journal: Applied Economics*, 2017, 9(4):58-77.

[9]Chen, T. , and Kung, J. K. S. Busting the Princelings: The Campaign Against Corruption in China's Primary Land Market[J]. *The Quarterly Journal of Economics*, 2019, 134(1):185-226.

[10]Cheng, L. , Liu, H. , Zhang, Y. and Zhao, Z. The Health Implications of Social Pensions: Evidence From China's New Rural Pension Scheme[J]. *Journal of Comparative Economics*, 2018, 46(1): 53-77.

[11]Chetty, R. , Looney, A. and Kroft K. Salience and Taxation: Theory and Evidence[J]. *American Economic Review*, 2009, 99(4): 1145-1177.

[12]Chien, S. S. New Local State Power through Administrative Restructuring - A Case Study of post-Mao China County-level Urban Entrepreneurialism in Kunshan[J]. *Geoforum*, 2013, 46: 103-112.

[13]Chung, H. State Regulation and China's Administrative System: A Spatial Perspective[J]. *China Review-An Interdisciplinary Journal on Greater China*, 2008, 8(2):201-230.

[14]Chung, J. H. and Lam, T. China's "City System" in Flux: Explaining Post-Mao Administrative Changes[J]. *China Quarterly*, 2004, 1:945-964.

[15]Colella, F. , Lalive, R. , Sakalli, S. O. and Thoenig, M. In-

ference with Arbitrary Clustering[J]. *IZA Discussion Papers*, 2019.

[16]Conley,T. G. GMM Estimation with Cross Sectional Dependence[J]. *Journal of Econometrics*,1999,92(1):1-45.

[17]D'Amour,C. B. ,Reitsma,F. ,Baiocchi,G. Future Urban Land Expansion and Implications for Global Croplands[J]. *Proceedings ofthe NationalAcademy of Sciences*,2017,114(34):8939-8944.

[18]Duranton, G. and Puga, D. From Sectoral to Functional Urban Specialisation[J]. *Journal of Urban Economics*,2005,57(2): 343-370.

[19]Edin M. State Capacity and Local Agent Control in China: CCP Cadre Management from a Township Perspective[J]. *The China Quarterly*,2003,173:35-52.

[20]Faber,B. Trade Integration,Market Size,and Industrialization:Evidence from Chinas National Trunk Highway System[J]. *R Studies*,2014,81(3):1046-1070.

[21]Fan,S. ,Li,L. and Zhang,X. Challenges of Creating Cities in China:Lessons from a Short-Lived County-to-City Upgrading Policy[J]. *Social Science Electronic Publishing*,2012,3(40): 476-491.

[22]Fendel,T. Migration and Regional Wage Disparities in Germany[J]. *Journal of Economics and Statistics*,2016,236(1):3-35.

[23]Feng R. and Wang K. Spatiotemporal Effects of Administrative Division Adjustment on Urban Expansion in China[J]. *Land Use Policy*,2021,101,105143.

[24]Feng,R. and Wang,K. The Direct and Lag Effects of Administrative Division Adjustment on Urban Expansion Patterns in Chinese Mega-Urban Agglomerations[J]. *Land Use Policy,*2022, 112,105805.

[25]Feser, E. and Isserman, A. Urban Spillovers and Rural Prosperity [M]. *University of Illinois UrbanaChampaign*,2005.

[26]Fossi,F. and Hendriks,S. L. Food Security Policy Choices:A Review of the Usefulness of Public Policy Taxonomies[J].

African Journal of Food,Agriculture,Nutrition and Development, 2020,20(6):16717-16737.

[27]Goodburn, C. Learning from Migrant Education: A Case Study of the Schooling of Rural Migrant Children in Beijing [J]. *International Journal of Educational Development*, 2009, 29 (5):495-504.

[28]Hart,O. and Shleifer,A. Vishny R W. The Proper Scope of Government: Theory and an Application to Prisons[J]. *The Quarterly Journal of Economics*,1997,112(4):1127-1161.

[29]Hoynes,H. ,Page,M. and Stevens,A. H. Can Targeted Trans- fers Improve Birth Outcomes?:Evidence from the Introduction of the WIC Program[J]. *Journal of Public Economics*,2011,95(7):813- 827.

[30]Hsieh,C. T. and Klenow,P. J. Misallocation and Manufac- turing TFP in China and India[J]. *NBER Working Paper*,No. 13290, 2007.

[31]Ji,X. Q. ,Liu,S. ,and Lang,J. Y. Assessing the Impact of Officials' Turnover on Urban Economic Efficiency:From the Per- spective of Political Promotion Incentive and Power Rent-Seek- ing Incentive[J]. *Socio-Economic Planning Sciences*,2022,101264.

[32]Klenow, H. P. Misallocation and Manufacturing TFP in China and India[J]. *Quarterly Journal of Economics*, 2009(4): 1403-1448.

[33]Kolesnyak, A. A. , Naydanova, E. B. and Polyanskaya, N. M. State Financial Support for Agricultural Sector in Region[J]. *IOP Conference Series Earth and Environmental Science*,2020,421 (2):22-30.

[34]Krugman, P. Increasing Returns and Economic Geography [J]. *Journal of Political Economy*,1991,99(3):483-499.

[35]Landry,Pierre,F. ,Lu,X. B. and Duan,H. Y. Does Perfor- mance Matter? Evaluating Political Selection along the Chinese Administrative Ladder[J]. *Comparative Political Studies*,2018,51 (8):1074-1105.

[36]Li,X. ,Liu,C. and Weng,X. Target Setting in Tournaments:

Theory and Evidence from China[J]. *The Economic Journal*,2019,129(623):2888-2915.

[37]Li,L. The Incentive Role of Creating "Cities" in China [J]. *China Economic Review*,2011,22(1):172-181.

[38]Liu,Y.,Wang,S. and Chen,B. Optimization of National Food Production Layout Based on Comparative Advantage Index [J]. *Energy Procedia*,2019,158:3846-3852.

[39]Liu,Q. and Qiu,L.D. Intermediate Input Imports and Innovations: Evidence from Chinese Firms' Patent Filings[J]. *Journal of International Economics*,2016,103:166-183.

[40]Liu,Y. and Zhou,Y. Reflections on China's Food Security and Land Use Policy Under Rapid Urbanization[J]. *Land Use Policy*,2021,109,105699.

[41]Lu,Y. and Yu,L. Trade Liberalization and Markup Dispersion:Evidence from China's WTO Accession[J]. *American Economic Journal:Applied Economics*,2015,7(4):221-253.

[42]Lu,Y.,Tao,Z. and Zhang,Y. How Do Exporters Respond to Antidumping Investigations? [J]. *Working Papers*,2013.

[43]Lucas,R.E. Life Earnings and Rural-Urban Migration[J]. *Journal of Political Economy*,2004,112(1):29.

[44]Luo,X.,Cheng,Y. and Yin,J. Province-Leading-County as a Scaling-Up Strategy in China:The Case of Jiangsu[J]. *China Review*,2014,14:125-146.

[45]Mose,N. Do Fiscal Transfers Foster Regional Economic Growth?[J]. *Financial Internet Quarterly*,2021,17(1):19-27.

[46]Moser,P. and Voena,A. Compulsory Licensing:Evidence from the Trading with the Enemy Act[J]. *American Economic Review*,2012,102(1):396-427.

[47]Mullan,K. Land Tenure Arrangements and Rural-Urban Migration in China[J]. *World Development*,2011,39(1):123-133.

[48]Nunn,N. The Long-Term Effects of Africa's Slave Trades [J]. *Quarterly Journal of Economics*,2008,123(1):139-176.

[49]Nunn,Nathan,and Nancy,Q. US Food Aid and Civil Conflict [J]. *American Economic Review*,2014,104(6):1630-1666.

[50]Oakerson, P. Regionalism, Localism, and Metropolitan Governance: Suggestions from the Research Program on Local Public Economies[J]. *State and Local Government Review*, 2000, 32(3): 169-179.

[51]Parks, R. B. and Oakerson, R. J. Regionalism, Localism, and Metropolitan Governance: Suggestions from the Research Program on Local Public Economies[J]. *State and Local Government Review*, 2000, 32(3):169-179.

[52]Pérez, E. and Rafael. Food Security and the 2015—2030 Sustainable Development Goals: From Human to Planetary Health [J]. *Current Developments in Nutrition*, 2017, 7(1):e000513.

[53]Pierre, F. L. , Lu, X. B. and Duan, H. Y. Does Performance Matter? Evaluating Political Selection Along the Chinese Administrative Ladder[J]. *Comparative Political Studies*, 2017, 51 (8):1074-1105.

[54]Sit, T. , Lau, K. C. , Qiu, J. , Yan, X. , Ji, H. and Wen, T. Grain Financialization and Food Security: A Chinese Perspective[J]. *Journal of Political Economy*, 2017, 6(3):306-333.

[55]Song, W. and Pijanowski, B. C. The Effects of China's Cultivated Land Balance Program on Potential Land Productivity at a National Scale[J]. *Applied Geography*, 2014, 46(1):158-170.

[56]Sun, C. , Yang, Y. and Zhao, L. Economic Spillover Effects in the Bohai Rim Region of China: Is the Economic Growth of Coastal Counties Beneficial for the Whole Area? [J]. *China Economic Review*, 2015, 33:123-136.

[57]Sung, W. K. and Richard, C. F. Overcoming the Barriers to Cooperation: Intergovernmental Service Agreements[J]. *Public Administration Review*, 2010, 70(6):876-884.

[58]Swianiewicz. , Pawel. If Territorial Fragmentation is a Problem, is Amalgamation a Solution? – Ten years later[J]. *Local Government Studies*, 2018, 1-10.

[59]Tang, W. and Geoffrey, J. D. and Hewings. Do City-county mergers in China Promote Local Economic Development? [J]. *Economics of Transition*, 2017, 25(3):439-469.

[60]Wang,F.,Tian,M. H. and Yin,Z. H. Modern Urbanization and Industrial Upgrading in China:Evidence from Panel Data[J]. *Quality & Quantity*,2021,55:661-681.

[61]Wang,S.,Bai,X. and Zhang,X. Urbanization Can Benefit Agricultural Production with Large-scale Farming in China[J]. *Nature Food*,2021,2:183-191.

[62]Wang,Y.,Liang,Z. L. and Chen H. C. Research on the Spatial Spillover Effect of Ecological Innovation Ability and Regional Economic Growth[J]. *IOP Conference Series:Earth and Environmental Science*,2021,769(2):022008.

[63]Xun,L. and Xu,X. Special Issue:Urbanization in China: Processes and Policies[J]. *China Review*,2010,10(1):11-37.

[64]Yan,Y. X.,Zhang,X. L. and Zhang,J. H. Emissions Trading System(ETS)Implementation and Its Collaborative Governance Effects on Air Pollution:The China Story[J]. *Energy Policy*,2020, 111282.

[65]Ye L. Regional Government and Governance in China and the United States[J]. *Public Administration Review*, 2009, 69: S116-S121.

[66]Young,A. The Razor's Edge:Distortions and Incremental Reform in the People's Republic of China[J]. *Quarterly Journal of Economics*,2000,115(4):1091-1135.

[67]Zhang,X. Fiscal Decentralization and Political Centralization in China:Implications for Growth and Inequality [J]. *Journal of Comparative Economics*,2006,34(4):713-726.

[68]Zhang,X.,Yu,X. and You,L. Does the Granary County Subsidy Program Lead to Manipulation of Grain Production Data in China?[J]. *China Economic Review*,2020,62:101347.

[69]Zhong,F.,Jing,Z. and Xie,Z. How Mobile Are Resources in Chinese Agriculture? Implications for China's Agricultural Trade Policy[J]. *China & World Economy*,2010,15(1):43-61.

[70]Zuo,C. Promoting City Leaders:The Structure of Political Incentives in China[J]. *The China Quarterly*,2015,224:955-984.